Aplicación de los programas de habilidades de autonomía personal y social ACNEE

Laura María Hermán Sánchez

ic editorial

Aplicación de los programas de habilidades de autonomía personal y social ACNEE

1ª Edición

Editado por: IC Editorial
c/ Cueva de Viera, 2, Local 3
Centro Negocios CADI
29200 Antequera (Málaga)
Teléfono: 952 70 60 04
Fax: 952 84 55 03
Correo electrónico: iceditorial@iceditorial.com
Internet: www.iceditorial.com

ISBN: 978-84-1184-433-8
Depósito Legal: MA 2488-2024

Impresión: PODiPrint
Impreso en Andalucía – España

Nota de la editorial: IC Editorial pertenece a Innovación y Cualificación S. L.

Presentación del manual

El **Certificado de Profesionalidad** es el instrumento de acreditación, en el ámbito de la Administración laboral, de las cualificaciones profesionales del Catálogo Nacional de Cualificaciones Profesionales adquiridas a través de procesos formativos o del proceso de reconocimiento de la experiencia laboral y de vías no formales de formación.

El elemento mínimo acreditable es la **Unidad de Competencia.** La suma de las acreditaciones de las unidades de competencia conforma la acreditación de la competencia general.

Una **Unidad de Competencia** se define como una agrupación de tareas productivas específica que realiza el profesional. Las diferentes unidades de competencia de un certificado de profesionalidad conforman la **Competencia General,** definiendo el conjunto de conocimientos y capacidades que permiten el ejercicio de una actividad profesional determinada.

Cada **Unidad de Competencia** lleva asociado un **Módulo Formativo,** donde se describe la formación necesaria para adquirir esa **Unidad de Competencia,** pudiendo dividirse en **Unidades Formativas.**

El presente manual desarrolla la Unidad Formativa **UF2417: Aplicación de los programas de habilidades de autonomía personal y social del alumnado con necesidades educativas especiales,**

perteneciente al Módulo Formativo **MF1427_3: Participación en los programas de enseñanza-aprendizaje en el aula de referencia del alumnado con necesidades educativas especiales (ACNEE),**

asociado a la unidad de competencia **UC1427_3: Ejecutar, en colaboración con el tutor/a y/o con el equipo interdisciplinar del centro educativo, los programas educativos del alumnado con necesidades educativas especiales (ACNEE) en su aula de referencia,**

del Certificado de Profesionalidad **Atención al alumnado con necesidades educativas especiales (ACNEE) en centros educativos.**

MF1427_3

Participación en los programas de enseñanza-aprendizaje en el aula de referencia del alumnado con necesidades educativas especiales (ACNEE)

Tiene asociado el ←

UNIDAD DE COMPETENCIA
UC1427_3

Ejecutar, en colaboración con el tutor/a y/o con el equipo interdisciplinar del centro educativo, los programas educativos del alumnado con necesidades educativas especiales (ACNEE) en su aula de referencia

Compuesto de las siguientes
UNIDADES FORMATIVAS

UF2277
Aplicación de los Sistemas Alternativos y aumentativos de comunicación

UF2417
Aplicación de los programas de habilidades de autonomía personal y social del alumnado con necesidades educativas especiales

UNIDAD FORMATIVA DESARROLLADA EN ESTE MANUAL

UF2418
Actividades complementarias y de descanso del alumnado con necesidades educativas especiales

FICHA DE CERTIFICADO DE PROFESIONALIDAD

(SSCE0112) ATENCIÓN AL ALUMNADO CON NECESIDADES EDUCATIVAS ESPECIALES (ACNEE) EN CENTROS EDUCATIVOS (R. D. 625/2013, de 2 de agosto)

COMPETENCIA GENERAL: Acompañar al alumnado con necesidades educativas especiales (ACNEE) tanto en los desplazamientos, como en la realización de las actividades relacionadas con los programas de autonomía personal e higiene y de enseñanza-aprendizaje, durante el periodo escolar, utilizando metodología, técnicas y recursos, bajo la supervisión del equipo interdisciplinar del centro educativo, para satisfacer las necesidades básicas de aseo, alimentación y descanso del ACNEE, procurando su autonomía y garantizando la seguridad del mismo, cumpliendo con la normativa aplicable en los centros educativos.

Cualificación profesional de referencia	Unidades de competencia		Ocupaciones o puestos de trabajo relacionados:
SSC444_3 ATENCIÓN AL ALUMNADO CON NECESIDADES EDUCATIVAS ESPECIALES (ACNEE) EN CENTROS EDUCATIVOS (R. D. 1096/2011, de 22 de julio)	UC1426_3	Acompañar al alumnado con necesidades educativas especiales (ACNEE) en los desplazamientos internos en el centro educativo	• Auxiliar Técnico/a Educativo/a • Ayudante Técnico/a Educativo/a • Especialista de Apoyo Educativo • Educador/a de Educación Especial • Integrador/a social
	UC1427_3	Ejecutar, en colaboración con el tutor/a y/o con el equipo interdisciplinar del centro educativo, los programas educativos del alumnado con necesidades educativas especiales (ACNEE) en su aula de referencia	
	UC1428_3	Implementar los programas de autonomía e higiene personal en el aseo del alumnado con necesidades educativas especiales (ACNEE), participando con el equipo interdisciplinar del centro educativo	
	UC1429_3	Atender y vigilar en la actividad de recreo al alumnado con necesidades educativas especiales (ACNEE), participando junto a el/la tutor/a en el desarrollo tanto de los programas de autonomía social como en los programas de actividades lúdicas	
	UC1430_3	Atender al alumnado con necesidades educativas especiales (ACNEE) en el comedor escolar, participando con el equipo interdisciplinar del centro educativo en la implementación de los programas de hábitos de alimentación	

Correspondencia con el Catálogo Modular de Formación Profesional		
Módulos certificado	Unidades formativas	Horas
MF1426_3: Aplicación técnica de movilidad, orientación y deambulación en los desplazamientos internos por el centro educativo del alumnado con necesidades educativas especiales (ACNEE)	UF2277: Aplicación de los Sistemas Alternativos y aumentativos de comunicación	30
	UF2416: Utilización de las técnicas de movilidad en desplazamientos internos por el centro educativo del ACNEE	70
MF1427_3: Participación en los programas de enseñanza-aprendizaje en el aula de referencia del alumnado con necesidades educativas especiales (ACNEE)	UF2277: Aplicación de los Sistemas Alternativos y aumentativos de comunicación	30
	UF2417: Aplicación de los programas de habilidades de autonomía personal y social del alumnado con necesidades educativas especiales	50
	UF2418: Actividades complementarias y de descanso del alumnado con necesidades educativas especiales	70
MF1428_3: Autonomía e higiene personal en el aseo del alumnado con necesidades educativas especiales	UF2277: Aplicación de los Sistemas Alternativos y aumentativos de comunicación	30
	UF2419: Programas de autonomía e higiene en el aseo personal del ACNEE	70
MF1429_3: Atención y vigilancia en la actividad del recreo del alumnado con necesidades educativas especiales	UF2277: Aplicación de los Sistemas Alternativos y aumentativos de comunicación	30
	UF2420: Programas de actividad lúdica en el recreo	90
MF1430_3: Hábitos y autonomía en la alimentación del alumnado con necesidades educativas especiales (ACNEE), en el comedor escolar	UF2277: Aplicación de los Sistemas Alternativos y aumentativos de comunicación	30
	UF2421: Programas de autonomía e higiene personal, a realizar en el comedor escolar con un ACNEE	40
	UF2422: Programas de adquisición de hábitos de alimentación y autonomía de un ACNEE que se realizan en un comedor escolar	50
MP0503: Módulo de prácticas profesionales no laborales		80

Índice

Capítulo 1

Programas de habilidades de autonomía personal y social y actividades complementarias y de descanso en el aula del ACNEE

Contenido

1. Introducción

La mejora de las habilidades de autonomía personal es un objetivo de primera magnitud en el trabajo con el alumnado con necesidades educativas especiales, así como con el resto de alumnos y alumnas, estableciéndose como competencia básica en el Real Decreto 157/2022, de 1 de marzo, por el que se establecen la ordenación y las enseñanzas mínimas de la Educación Primaria.

De la misma manera, las actividades complementarias y de descanso van a permitir afianzar ciertas capacidades del alumnado, debiendo formar parte de la programación del aula, y estando muy ligadas al aumento de la autonomía personal y social citada anteriormente.

A lo largo de este capítulo se profundizará en el diseño, planificación, ejecución y evaluación de programas que persiguen este mismo objetivo para que el lector o lectora adquiera las competencias necesarias para el desarrollo de los mismos.

2. Habilidades de autonomía: semejanzas y diferencias

La Real Academia Española define la palabra habilidad como “capacidad o disposición para algo”.

Por otro lado, la autonomía sería la “condición de quien, para ciertas cosas, no depende de nadie”. Esta palabra está compuesta por “autos” que significa “por sí mismo” y “nomos”, que significa “ley”.

De esta manera las habilidades de autonomía harían referencia a la capacidad o disposición para realizar ciertas actividades sin depender de nadie.

Todas las personas necesitan adquirir este tipo de habilidades para poder ejercer su libertad, pero la forma en la que se adquieren es diferente para cada persona.

Nota

"Una persona es autónoma cuando es capaz de ponerse a sí misma sus propias normas; cuando no se rige por lo que le dicen, sino por un tipo de normas que cree que debería cumplir cualquier persona, le apetezca a él o a ella cumplirlas o no". (Kant)

En la mayoría de los casos, estas habilidades se aprenden de forma automática, a través de la imitación, sin ser necesario un aprendizaje explícito de las mismas.

Sin embargo, con el alumnado con necesidades educativas especiales, en ocasiones, es necesario enseñarlas a través de programas específicos en función del tipo de discapacidad que haya que tratar.

Ejemplo

Las habilidades de aseo se suelen aprender por imitación, sin embargo en personas con dificultades visuales en ocasiones es preciso enseñarlas a través de verbalizaciones o modelamiento.

2.1. Tipos de habilidades de autonomía

Antes de profundizar en el desarrollo de este tipo de programas es necesario conocer en primer lugar qué significa habilidades de autonomía.

Se pueden clasificar en distintas áreas tal y como se verá a continuación.

Actividades

1. Busque otras definiciones sobre las palabras habilidad y autonomía y reflexione al respecto.
2. Elabore su propia definición sobre lo que son para usted las habilidades de autonomía.

Autocuidado

Este tipo de habilidades hacen referencia a la higiene corporal, alimentación y salud mental.

Ser capaz de llevar a cabo este tipo de habilidades es fundamental para llegar a ser una persona independiente, de ahí su importancia.

Deben trabajarse desde que el niño o la niña es capaz de realizarlas adecuadamente.

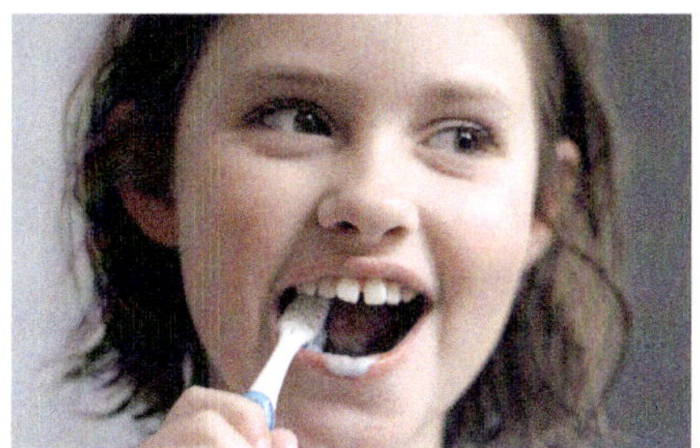

Niña llevando a cabo un hábito de autonomía personal relativo al autocuidado, el cepillado de dientes.

Autodirección

Es necesario que el alumnado sea capaz de regular su propio comportamiento, a través del seguimiento de planes, horarios, resolución de problemas, etc.

No solo repercute de forma positiva en la autonomía, sino que el alumnado se siente bien realizando estas actividades independientemente y aumenta su autoestima.

Como se verá a lo largo del capítulo, las habilidades de autonomía están íntimamente relacionadas en la mayoría de los casos con el aumento de la autoestima, repercutiendo de forma directa en el resto de actividades escolares.

Comunicación

Se habla de comunicación en el sentido más amplio de la palabra, ya que se trata de que el alumnado sea capaz de expresarse en la medida de sus posibilidades y de la forma más funcional posible.

La relación con el resto de habilidades en este sentido es evidente, ya que se necesita comunicación para poder cumplir con el resto de habilidades.

Nota

Todas las áreas nombradas a lo largo de este apartado están íntimamente relacionadas y son igualmente importantes y necesarias para que el alumnado alcance un nivel de autonomía correcto.

Habilidades académicas funcionales

El manejo de estas habilidades repercute también de forma directa en el aumento de la autonomía, desde el manejo del dinero a la lectura de una receta.

También en la medida de las posibilidades de cada alumno se llevarán a cabo aprendizajes funcionales en este sentido.

Habilidades sociales

El ser humano es un animal social que tiene necesidad de establecer relaciones personales.

El ser humano nace en sociedad y debe aprender a vivir en ella. De esta manera será necesario ejercitar todo el conjunto de habilidades sociales que implican saber comportarse con los demás.

El ser humano es un ser social por naturaleza.

(Aristóteles)

Ocio y tiempo libre

La gestión del ocio y del tiempo libre también es un factor muy importante para todo el alumnado.

En ocasiones el alumnado con necesidades educativas especiales muestra dificultades para organizar su tiempo libre o para tener iniciativa sobre las actividades que puede llevar a cabo en el mismo.

Por este motivo será preciso incidir en este tipo de actividades en los programas para la adquisición de habilidades de autonomía personal y social.

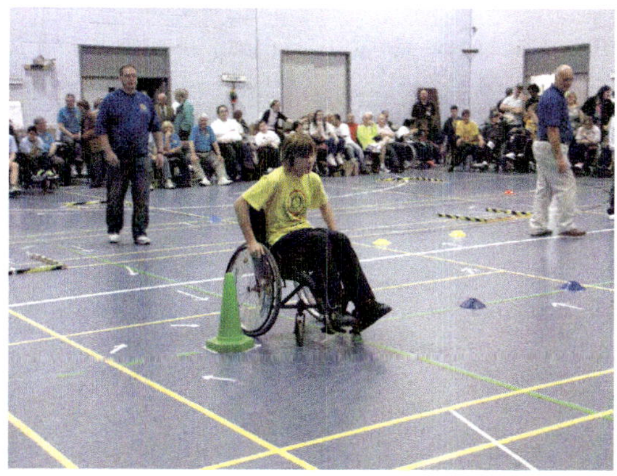

Persona con diversidad funcional practicando deporte

Salud y seguridad personal

Estas habilidades hacen referencia al mantenimiento de la salud y de defensa con las posibles agresiones que puedan surgir.

Es habitual que muestren dificultades para expresar y describir los síntomas de una enfermedad o que no colaboren en los exámenes físicos.

Para ser autónomo es necesario ser capaz de actuar cuando estás en peligro, ya sea por un agente externo o interno.

Trabajo

Se suele decir que el trabajo dignifica. Es una forma de sentirse útiles para uno mismo y para la sociedad, además de dar las herramientas suficientes para ser autónomos en cuanto a una cuestión económica.

Por este motivo también debe ser considerada un área importante dentro de la construcción de una persona autónoma.

Utilización de la comunidad

Estas habilidades hacen referencia a ser capaz de usar los recursos que ofrece la comunidad en la que vive el alumno o alumna, tales como centros cívicos, bibliotecas, etc., y que forman parte de la realidad en la que se desenvuelve.

Esta área está relacionada con todas las demás, ya que será necesario aplicar lo aprendido para poder actuar de manera eficaz en los distintos espacios.

Vida en el hogar

También es importante ser autónomo en el hogar y por eso hay que aprender habilidades en este sentido.

De esta manera además también se aumenta la autoestima, ya que se siente capaz de llevar a cabo tareas que realiza el resto del alumnado.

Actividades

3. Ponga un ejemplo de cada una de las áreas relacionadas anteriormente.
4. Ordénelas de mayor a menor prioridad desde su punto de vista y justifique su respuesta.

2.2. Aspectos a tener en cuenta

Todas las habilidades de autonomía están relacionadas y la mejora de una de ellas repercute en la mejora de las demás.

De la misma manera, no todas ellas se trabajan en los mismos contextos ni de la misma forma, siendo necesaria una adecuada planificación, tal y como se verá en apartados posteriores.

Tampoco es necesario trabajar de forma explícita todas ellas con todo el alumnado con necesidades educativas especiales, ya que muchas se aprenden de forma autónoma.

Será preciso evaluar cada caso individualmente, teniendo en cuenta que para el objetivo final, que es que el alumnado sea autónomo, es preciso que hayan adquirido todas estas habilidades, en la medida de las posibilidades de cada uno de ellos.

Aplicación práctica

Usted está evaluando el nivel de autonomía de un alumno con necesidades educativas especiales para elaborar posteriormente un programa para trabajar aquellos ámbitos que no estén conseguidos.

En el área de autocuidado describa qué aspectos evaluaría para saber qué tiene que tener en cuenta para el desarrollo del programa.

Continúa en página siguiente >>

<< Viene de página anterior

SOLUCIÓN

Para evaluar el área de autocuidado tendría en cuenta aspectos tales como:

- Lavarse las manos. Sabe cuándo tiene que lavarse las manos y lo hace de forma autónoma.
- Lavarse los dientes. Sabe cuándo tiene que lavarse los dientes y lo hace de forma autónoma.
- Se peina.
- Se ducha solo o sola.
- Se viste y cuida su imagen.

---

3. Diseño de programas de habilidades de autonomía personal y social y actividades complementarias y de descanso en el aula del ACNEE

Una vez descritas las áreas que se deben tener en cuenta para alcanzar el mayor nivel de autonomía posible, se debe pasar a describir cómo se diseñaría un programa destinado a la mejora de estas habilidades, de forma general, ya que será necesario evaluar cada caso individualmente según las necesidades.

Recuerde

Las áreas a tener en cuenta para el desarrollo de la autonomía personal son:

- Autocuidado
- Autodirección
- Comunicación
- Habilidades académicas funcionales
- Habilidades sociales
- Ocio y tiempo libre

Continúa en página siguiente >>

<< Viene de página anterior

- Salud y seguridad personal
- Trabajo
- Utilización de la comunidad
- Vida en el hogar

En primer lugar se debe tener en cuenta a qué se refiere cuando se habla de alumnado con necesidades educativas especiales.

Este queda definido en el artículo 73, referido al alumnado que presenta necesidades educativas especiales, de la Ley Orgánica 3/2020, de 29 de diciembre, por la que se modifica la Ley Orgánica 2/2006, de 3 de mayo, de Educación:

1. *Se entiende por alumnado que presenta necesidades educativas especiales, aquel que afronta barreras que limitan su acceso, presencia, participación o aprendizaje, derivadas de discapacidad o de trastornos graves de conducta, de la comunicación y del lenguaje, por un periodo de su escolarización o a lo largo de toda ella, y que requiere determinados apoyos y atenciones educativas específicas para la consecución de los objetivos de aprendizaje adecuados a su desarrollo.*
2. *El sistema educativo dispondrá de los recursos necesarios para la detección precoz de los alumnos con necesidades educativas especiales, temporales o permanentes, y para que puedan alcanzar los objetivos establecidos con carácter general para todos los alumnos. A tal efecto, las Administraciones educativas dotarán a estos alumnos del apoyo preciso desde el momento de su escolarización o de la detección de su necesidad.*

Nota

La definición del alumnado con necesidades educativas especiales ha ido evolucionando desde que el concepto apareció con la Ley de Ordenación General del Sistema Educativo.

De esta manera, el primer paso a seguir para el diseño de este tipo de programas será conocer al alumnado al que va dirigido el mismo.

La amplitud de este concepto hace que exista un amplio abanico de dificultades.

Además, se debe tener en cuenta que ningún alumno o alumna es igual y que aunque esté diagnosticado con la misma discapacidad puede tener características muy diferentes, y se deben conocer para poder actuar adecuadamente.

Para ello será necesario realizar una evaluación inicial, siendo este el primer aspecto de este diseño.

3.1. Evaluación

La evaluación es un proceso sistemático y objetivo que se utiliza para recopilar información y hacer juicios informados sobre el desempeño, el progreso o las características de algo o alguien. Puede aplicarse en diversos contextos, como la educación, la salud, el trabajo, entre otros. La evaluación implica la utilización de métodos y herramientas específicas para obtener datos relevantes y medir el rendimiento o la eficacia de un programa, un estudiante, un empleado, o cualquier entidad o proceso que esté siendo evaluado. El propósito de la evaluación puede variar, ya sea para tomar decisiones, mejorar el rendimiento, diagnosticar necesidades, o proporcionar retroalimentación constructiva.

El objetivo de esta **evaluación inicial** será conocer qué aspectos tiene adquiridos el alumnado y en cuáles es necesario incidir para alcanzarlos.

Se pueden utilizar distintos instrumentos para llevarla a cabo, como pueden ser registros de conductas y observaciones.

Se establecerán de esta manera las áreas prioritarias de actuación a trabajar con el alumnado, teniendo en cuenta que lo que se pretende es aumentar su autonomía personal y social.

No solo se tiene la evaluación inicial, también se debe hablar de la evaluación continua y la final.

La **evaluación continua** hace referencia a todo el proceso, siendo necesaria para saber si se están llevando a cabo las actuaciones de forma adecuada, para corregir aquellos aspectos que sean necesarios.

La **evaluación final** indicará si se han alcanzado los objetivos establecidos *a priori*.

Debe evaluarse tanto al alumnado como al profesorado y el programa llevado a cabo.

Este aspecto es uno de los más importantes en el diseño de un programa. Por este motivo se verá con mayor profundidad en apartados posteriores de este capítulo.

3.2. Objetivos

En función de los resultados obtenidos en la evaluación se propondrán los objetivos que se marcan con el programa.

Es necesario tener en cuenta que estos objetivos deben ser lo más realistas posibles.

Los objetivos deben ser cortos y alcanzables, ya que de lo contrario el alumnado puede frustrarse y mermar su autoestima.

Tampoco se debe establecer una gran cantidad de objetivos, siendo necesario priorizar entre los más importantes.

3.3. Contenidos

A partir de los objetivos establecidos se desarrollarán los contenidos pertinentes.

Estos deben hacer referencia a distintos tipos de habilidades, tales como conceptos, procedimientos y actitudes, primando los dos últimos en este caso, ya que lo que se pretende es adquirir habilidades funcionales.

Los procedimientos permiten llevar a la práctica lo aprendido, como puede ser preparar el desayuno, y con los actitudinales se reforzarán aspectos tales como una autoestima positiva.

Estos contenidos deben ser igual de asequibles y realistas que los objetivos, tal y como se ha descrito en el apartado anterior.

3.4. Metodología

Otro aspecto a tener en cuenta en este diseño será la metodología que se va a llevar a cabo para el desarrollo del mismo.

En este tipo de programas, interesa utilizar metodologías con un enfoque competencial e integrador, que cree aprendizajes significativos.

Esta debe adaptarse a las características del alumnado buscando la motivación en todo momento y aprovechando los puntos fuertes y su estilo de aprendizaje. Se debe situar en la zona de desarrollo próximo enunciada por Vigotsky, ya que es la única forma de asegurar que el alumnado conecte los aprendizajes y que parta de sus conocimientos previos.

Nota

La zona de desarrollo próximo hace referencia a la distancia que hay entre lo que el alumno o alumna es capaz de hacer por sí solo y lo que puede hacer con ayuda de un mediador más experto, que puede ser el maestro o maestra u otro compañero o compañera. Se trata de una teoría del aprendizaje muy utilizada en educación.

3.5. Actividades

Las actividades diseñadas deben ser variadas y amplias y fundamentarse también en las características y posibilidades del alumnado al que van dirigidas.

Por otro lado, también se tiene que tener en cuenta la flexibilidad como principio a seguir en este tipo de programas, ya que en ocasiones no se lograrán alcanzar los resultados deseados de la forma esperada y se tendrán que modificar determinados aspectos.

3.6. Recursos y espacios

Se pueden mencionar distintos tipos de recursos:

- **Personales.** Hacen referencia a aquellas personas que trabajan con el alumnado o que están implicadas en el proceso educativo, desde la familia al profesorado y toda la comunidad educativa.
- **Materiales.** Todo el material tangible que se vaya a utilizar para desarrollar la actividad, desde material fungible al ordenador.

Los espacios van a suponer un factor muy importante a tener en cuenta en el desarrollo de habilidades de autonomía, ya que será necesario utilizar el mayor número de espacios funcionales que sea posible, no quedándose solo en el centro escolar, sino utilizando los recursos de la comunidad.

Tanto los recursos como los espacios deben estar adaptados a las necesidades del alumnado.

En función de la discapacidad que se trate se necesitarán distintos recursos especializados o ayudas técnicas diversas.

También será preciso asegurarse de que las barreras arquitectónicas estén eliminadas para el correcto desenvolvimiento del alumnado por su ambiente próximo.

Nota

Las barreras son definidas como todos los impedimentos a nivel social, económico o arquitectónico que dificultan que las personas estén integradas.

En cuanto a las arquitectónicas, hacen referencia a obstáculos físicos que dificultan la movilidad, y pueden ser:

- Urbanísticas
- En el transporte
- En la edificación

Actividades

5. ¿Qué importancia tiene para usted la planificación de una actividad? Justifique su respuesta.
6. Busque dos ejemplos de objetivos y dos de contenidos observando la redacción de los mismos.

Programar una actividad ayuda a evitar el azar y la improvisación, siendo necesario para que se desarrolle con éxito.

Es igual de importante planificar los programas de habilidades de autonomía personal y social que las actividades complementarias y de descanso, ya que son momentos que se pueden aprovechar para enfatizar en la autonomía del alumnado.

Estas actividades deben desarrollarse a lo largo del curso escolar en los momentos que se consideren más oportunos.

Es frecuente que se destine en las aulas un espacio para las actividades de descanso, con colchonetas, espejos, etc., que van a permitir trabajar distintos aspectos importantes para el alumnado.

Los recreos son también un lugar fundamental que hay que preparar y que es adecuado para trabajar la integración e inclusión del alumnado.

Ejemplo

En el tiempo de descanso el alumnado debe ser capaz de organizar qué quiere realizar en su tiempo libre, siendo esta una de las áreas que se trabajan para el desarrollo de la autonomía.

Las actividades complementarias se encuentran dentro del currículo escolar y son un espacio muy adecuado para la inclusión del alumnado, debiendo estar planificadas para que todo el alumnado participe en ellas. Son evaluables y obligatorias, y deben tener autorización del Consejo Escolar.

Ejemplo

La salida al supermercado con motivo del aprendizaje de los alimentos y manejo del dinero es una actividad complementaria.

Esta planificación debe llevarse a cabo con la colaboración de todos los profesionales implicados en la actividad correspondiente, tal y como se verá en el siguiente apartado.

Aplicación práctica

Adrián es un alumno con necesidades educativas especiales derivadas de una limitación en el funcionamiento cognitivo (discapacidad intelectual moderada).

Este alumno precisa aumentar su autonomía en el ámbito del autocuidado, concretamente en cuanto al vestido y calzado.

Diseñe un programa para la consecución de este objetivo según lo dispuesto a lo largo de este apartado respondiendo a los siguientes puntos:

- **Evaluación**
- **Objetivos**
- **Contenidos**
- **Metodología**
- **Actividades**
- **Recursos y espacios**

SOLUCIÓN

- Evaluación. Se llevará a cabo una evaluación inicial para determinar las necesidades que presenta el alumno en este aspecto y poder concretar los objetivos pertinentes. Posteriormente se evaluará a lo largo de todo el programa a través de la evaluación continua, y al final del mismo para determinar si se han alcanzado los objetivos.
- Objetivos. El objetivo a llevar a cabo será que Adrián sea capaz de atarse los cordones de los zapatos y ponerse y quitarse una sudadera.
- Contenidos. Se llevarán a cabo contenidos procedimentales como identificación de las partes de un zapato y realización de la lazada, así como mecanismo para ponerse la sudadera.
- Metodología. Se basará en la experimentación y la funcionalidad, a través de la experiencia directa, y con técnicas como el encadenamiento hacia atrás, en el que se le van retirando los apoyos al alumno hasta que es capaz de llevar a cabo las actividades por sí solo.
- Actividades. Se empezará realizando la lazada en un zapato de cartón para después pasar a atarse sus propios zapatos. En cuanto a la sudadera tendrá que quitarse y ponerse distintos tipos con y sin cremallera.
- Recursos y espacios. Las actividades se realizarán en el aula y como recursos materiales estarían el zapato de cartón y el real y las distintas sudaderas.

4. Planificación de programas de habilidades de autonomía personal y social y actividades complementarias y de descanso de un ACNEE

La planificación de una actividad está implícita en su diseño, ya que se debe contar con el tiempo y espacio del que se dispone para poder organizarla.

El alumnado con necesidades educativas especiales puede estar escolarizado en distintos espacios en función de sus características y necesidades, siendo la planificación diferente en cada caso.

De forma general se pueden encontrar los casos que se describen a continuación.

4.1. Alumnado escolarizado en centros específicos de educación especial

La Ley Orgánica 3/2020, de 29 de diciembre, por la que se modifica la Ley Orgánica 2/2006, de 3 de mayo, de Educación, garantiza que todos los estudiantes puedan acceder a la educación sin importar sus circunstancias personales o sociales, promoviendo la participación, la inclusión, la igualdad y evitando cualquier forma de discriminación o segregación.

En estos casos los programas de habilidades de autonomía personal y social, así como las actividades complementarias y de descanso, se planifican en función de las características del alumnado, intentando promover autonomía en todo momento dentro de las posibilidades reales.

Es necesario dedicar todos los días un espacio a este tipo de actividades, incluyéndolas dentro de la planificación diaria.

Cada día se llevan a cabo acciones como lavado de manos y dientes o la agenda, que permiten que el alumnado aprenda habilidades de autonomía.

En este tipo de centros es frecuente que haya aulas hogar, en las que se imita las dependencias de una casa y en las que se trabajan distintas habilidades domésticas, tales como hacer la cama, fregar los platos, cocinar, lavar la ropa, etc.

Ejemplo de aula hogar

Nota

En espacios como el aula hogar el alumnado aprende actividades de la vida diaria de forma funcional y práctica en un entorno real.

También son muy importantes las actividades complementarias en este tipo de centros, ya que son una forma de conectar los contenidos escolares con situaciones de la vida cotidiana que es necesario mostrar al alumnado y prepararlos de forma explícita.

Algunas de estas actividades complementarias podrían ser las siguientes:

- Salida al supermercado cuando se trabajan los alimentos y la moneda.
- Recorridos en transporte público cuando se trabajan los transportes.
- Visitas a los distintos recursos de la comunidad como el centro de salud, biblioteca, centro cívico, etc.

4.2. Alumnado escolarizado en centro ordinarios

Dentro de esta modalidad existen distintas alternativas.

Es posible que el alumnado reciba una atención específica en un aula o que esté integrado con sus compañeros y solo reciba ciertos apoyos.

Si está en un aula específica la planificación será similar a la de un centro específico, pero las actividades complementarias se pueden aprovechar para llevarlas a cabo con el resto de compañeros y compañeras del centro escolar.

Por otro lado, si el alumnado está integrado se debe aprovechar esta situación para trabajar las habilidades de autonomía en un ambiente normalizado.

En ambos casos, estas actividades deben formar parte de la rutina diaria del alumnado.

Es muy frecuente que se utilicen agendas para estructurar la actividad diaria, debiéndose incluir en ellas estas actividades.

Recuerde

El diseño y la planificación van a ayudar a evitar la improvisación y a conseguir realmente los objetivos.

4.3. Aspectos a tener en cuenta en la planificación

En esta planificación se deben tener en cuenta todos los profesionales que pueden participar en la tarea educativa.

La coordinación y el esfuerzo compartido es otro de los principios que rigen el sistema educativo, siendo necesario tenerlo presente en todo momento.

Para que se lleguen a interiorizar las habilidades de autonomía deben trabajarse en todos los contextos en los que participa el alumnado.

Por este motivo, en su planificación, deben participar todos los agentes implicados.

Estos agentes pueden ser los siguientes:

- Familia o tutores legales.
- Profesorado, tanto específico como general.
- Monitores y monitoras de educación u otro personal de atención educativa complementaria.
- Los profesionales encargados de la orientación, tanto del centro como externos.
- Otros que pudieran estar implicados en el proceso educativo.

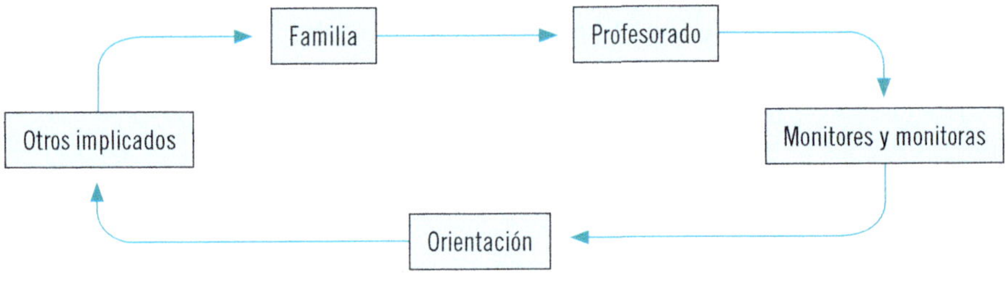

A la hora de planificar las actividades se tendrá en cuenta a todos ellos, elaborando actuaciones conjuntas para que haya un continuo.

En el documento correspondiente se determinarán y describirán las sesiones a llevar cabo para la consecución de cada uno de los objetivos propuestos. Es frecuente que la sesión no se desarrolle exactamente como estaba prevista, siendo necesario tener planteadas otras opciones alternativas por si surgiera algún imprevisto.

A continuación, se señala un ejemplo de lo que sería la planificación de una sesión:

N.º de sesión:	Fecha:
Objetivo general:	
Objetivo específico:	
Actividad:	
Espacio:	
Temporización:	
Desarrollo:	

Recuerde

El esfuerzo compartido es un principio que rige el sistema educativo, debiendo estar presente en todo momento.

Toda esta planificación queda recogida en los documentos del centro, desde el proyecto educativo a las programaciones de aula, siguiendo los distintos niveles de concreción curricular.

En cuanto a la planificación de las actividades complementarias se deberán tener en cuenta los siguientes aspectos:

- **Justificación.** La actividad complementaria se desarrolla por un motivo que es necesario establecer adecuadamente.
- **Duración.** Dependerá de la actividad, pudiendo ser desde una salida de una hora hasta de varios días.
- **Relación con el currículo.** Ayudarán a afianzar algún contenido del currículo establecido con anterioridad.

- **Objetivos.** Tal y como se han descrito anteriormente.
- **Contenidos.** A partir de los objetivos planteados se desarrollan los contenidos.
- **Educación en valores.** Es prescriptivo trabajarla y se hará de forma transversal.
- **Evaluación.** Como ya se ha dicho con anterioridad es uno de los puntos más importantes en el diseño de un programa.
- **Alumnado: número, ciclo y nivel.** Es necesario describir al alumnado al que va dirigido.
- **Breve descripción.** Lugar, itinerario, temporización...
- **Financiación.**
- **Coordinación.** Este siempre va a ser un factor fundamental para el desarrollo de cualquier programa.

Otro aspecto que se debe tener en cuenta en la planificación es el tipo de discapacidad que se trate, siendo también la planificación diferente en este sentido.

Se hará mención a las discapacidades que se tratan de forma más frecuente y que están inmersas en el concepto de necesidades educativas especiales, definido al principio de este capítulo, dado la amplitud de este concepto.

4.4. Discapacidad intelectual (diversidad funcional por limitaciones en funcionamiento cognitivo)

El término diversidad funcional, ha sido creado para ir dejando atrás términos como discapacidad o minusvalía, y se ajusta a una realidad en la que la persona funciona de manera diferente o diversa a la mayoría de la sociedad. Dicho término fue acuñado por el Foro de Vida Independiente y Diversidad (2005), que lo definió como "la diferencia de funcionamiento de una persona al realizar las tareas habituales (desplazarse, leer, agarrar, ir al baño, comunicarse, relacionarse, etc.) de manera diferente a la mayoría de la población.

Según Rodríguez y Ferreira (2010) el término diversidad funcional nos provee de un nuevo paradigma, que pretende ser "una síntesis conceptual para la compresión de una realidad social comúnmente denominada "discapacidad"; y lo hace con una clara pretensión emancipadora".

Las personas con diversidad funcional son aquellas que para realizar alguna actividad lo realizan de forma diversa a la mayoría.

Con respecto a la discapacidad intelectual se puede hacer mención a una gran cantidad de definiciones a lo largo de la historia, denominándose de distinta manera.

Según Schalock (2007) la discapacidad intelectual "se caracteriza por limitaciones significativas en el funcionamiento intelectual y en la conducta adaptativa, expresada en las habilidades adaptativas, expresada en las habilidades adaptativas conceptuales, sociales y prácticas".

La discapacidad intelectual implica una serie de limitaciones en las habilidades que la persona aprende para funcionar en su vida diaria y que le permiten responder antes situaciones y lugares.

Existen muchos tipos y causas de discapacidad intelectual. Algunos se originan antes de que el bebé nazca, otros durante el parto y otros a causa de una enfermedad grave en la infancia. Pero siempre antes de los 18 años.

En la planificación del programa a llevar a cabo será necesario partir del nivel de competencia del alumno y ofrecerle los recursos necesarios para que su autonomía se incremente lo máximo posible.

Suelen utilizarse rutinas y técnicas como modelado, moldeamiento, encadenamiento hacia atrás... Todo debe ejecutarse de manera práctica, para que vivencien el aprendizaje y este sea significativo.

También es necesario controlar las condiciones ambientales y utilizar técnicas de modificación de conducta cuando se requiera, tal y como se verá en puntos posteriores.

La interacción social deberá promoverse en todo momento, siendo las actividades complementarias un momento perfecto para ello.

Otro factor importante y que se suele dar con frecuencia con este alumnado es la sobreprotección, siendo necesario evitarla en todo momento.

Nota

En ocasiones se tiende a tener expectativas bajas con este alumnado y eso hace que los resultados sean aún más bajos. Se debe ser realistas en los objetivos que se plantean pero sin subestimar las posibilidades que tienen. Esto se conoce como el efecto Pigmalión.

4.5. Trastornos generalizados del desarrollo (TGD)

El término Trastornos Generalizados del Desarrollo (TGD), se refiere a un grupo de trastornos caracterizados por retrasos en el desarrollo de las aptitudes de socialización y comunicación. Los síntomas más frecuentes pueden incluir problemas para usar y entender el lenguaje; dificultad para relacionarse con otras personas, objetos y sucesos; dificultad con los cambios en las rutinas o el ambiente familias; movimientos corporales o patrones conductuales repetitivos.

Según Pichot, Aliño y Miyar (1995) "los trastornos generalizados del desarrollo se caracterizan por una perturbación grave y generalizada de varias áreas del desarrollo: habilidades para la interacción social, habilidades para la comunicación o la presencia de comportamientos, intereses y actividades estereotipados. Entre los trastornos generalizados del desarrollo podemos incluir: el trastorno del espectro autista, el trastorno de Rett, el trastorno desintegrativo infantil, el trastorno de Asperger y el trastorno generalizado del desarrollo no especificado".

Lo que se pretende cuando se trabaja con este alumnado es que participen lo máximo posible en la vida social y que sean lo más autónomos posible, de ahí la importancia de este tipo de programas.

Las bases para la planificación del programa serían las siguientes:

- Las actividades deben ser lo más funcionales posibles, potenciando en todo momento la motivación.
- El aprendizaje sin error debe ser la base del trabajo, utilizando también el modelado, moldeamiento y el encadenamiento hacia atrás.
- Las actividades de desarrollarán en contextos naturales. En este tipo de programas es especialmente importante, ya que se debe transmitir todo a la vida en familia.
- La individualización también es necesaria para el aprendizaje de ciertas habilidades, aunque luego se trabaje para su implementación en la vida social.
- Se debe partir siempre de las habilidades previas del alumnado.
- Necesitan un alto grado de anticipación y estructuración de la actividad, siendo muy útil la utilización de agendas que le marcan las actividades a realizar en cada momento.

4.6. Discapacidad motora (diversidad funcional por limitaciones en la movilidad)

La discapacidad motora se refiere a limitaciones en la función física y la movilidad del cuerpo, a menudo causadas por condiciones médicas o lesiones neuromusculares.

Como se ha mencionado anteriormente las barreras arquitectónicas limitan en ocasiones la autonomía de este alumnado, siendo uno de los primeros puntos a tratar en la planificación de este tipo de programas.

Posteriormente, en función del grado de movilidad deberán tenerse en cuenta otros aspectos, como el control postural que presentan, sus posibilidades de manipulación y desplazamiento, de comunicación, de control de esfínteres, etc.

De esta manera en la planificación se deberá tener en cuenta lo siguiente:

- Adaptar el entorno: eliminar barreras físicas y proporcionar mobiliario accesible.

- Utilizar tecnología asistencial: equipar con dispositivos como sillas de ruedas o herramientas de comunicación.
- Ofrecer apoyos personalizados: asistentes, terapeutas y profesionales que ayuden en el desarrollo de habilidades.
- Adaptar el currículo: modificar actividades y usar materiales adaptados.
- Fomentar la inclusión: promover un ambiente respetuoso e inclusivo que valore la diversidad y fomente la colaboración entre todos los estudiantes.

4.7. Trastornos sensoriales (diversidad funcional por limitaciones en la visión y la audición)

Los trastornos sensoriales son condiciones que afectan la manera en que las personas procesan la información sensorial de los sentidos como la vista, el oído, el olfato, el gusto y el tacto. Pueden manifestarse de diversas formas, incluyendo dificultades en la percepción visual, auditiva, gustativa, olfativa y táctil.

Cuando estos trastornos se presentan de forma individual las actuaciones a seguir son las que se describen a continuación.

Discapacidad auditiva o diversidad funcional por limitaciones en la audición

Las características serían las siguientes:

- Hace referencia a una pérdida o anormalidad de la función anatómica y/o fisiológica del sistema auditivo, apareciendo en distintos grados.
- Este alumnado es autónomo en las habilidades prácticas, ya que puede aprenderlas por imitación.
- Las dificultades aparecen con las habilidades sociales, siendo necesario establecer tempranamente un sistema de comunicación.
- La falta de información por vía auditiva hace que en ocasiones este alumnado no se muestre receptivo a los intercambios sociales, siendo necesario trabajarlos de forma concreta.
- En todo momento es necesario establecer en la planificación todas las medidas que sean precisas para que les llegue el mayor número de información posible, visualmente de forma prioritaria.

Limitaciones en la visión

Los aspectos a tener en cuenta dentro de este grupo serían que:

- Se puede definir como la pérdida o anormalidad de la función anatómica y/o fisiológica del ojo, produciéndose dificultades también en distintos grados.
- La falta de visión hace que a este alumnado sea necesario enseñarle las habilidades de autonomía personal de forma explícita y vivencial, ya que carecen de la capacidad de imitación de acciones de carácter visual.
- Para que sean autónomos es necesario que conozcan el entorno que les rodea, físico y social, así como acceder al mayor número de información posible también.

En ocasiones estos trastornos están asociados a otros, siendo preciso tener en cuenta todas las características del alumnado.

4.8. Trastornos graves de conducta (TGC)

La definición de este tipo de trastornos también es un aspecto complicado, existiendo un gran número de estudios pero que no establecen una definición clara de los mismos.

Oldham, Skodol y Bender (2007) los define de la siguiente manera:

> *Si la conducta comienza a ser desviada, sobrepasa los límites de la normalidad establecidos para vivir o convivir en sociedad y afecta al ámbito personal, familiar y social del individuo, estaremos hablando ya de un trastorno conductual que puede derivar en edades posteriores en trastornos de personalidad, en cuanto patrones conductuales e interacciones interpersonales permanentes en los primeros años de la etapa adulta y con escasa probabilidad de cambio a lo largo de la vida.*

Este tipo de trastornos también pueden ir asociados a otros. Por sí solos no tiene por qué haber dificultades en la autonomía personal, pero sí en la social, debiendo trabajarse adecuadamente.

Deberá tenerse en cuenta lo siguiente:

- El ambiente debe estar estructurado.
- Será necesario cuidar la ubicación en el aula.
- Los ambientes hiperestimulantes tampoco suelen ser adecuados.
- Las técnicas de reforzamiento son utilizadas con este alumnado.
- Utilizar metodologías basadas en la participación del alumnado.
- La tutoría entre iguales o el alumno mediador también puede ser una técnica muy útil.
- Coordinación entre todos los profesionales implicados para seguir la misma dinámica, así como con la familia.
- Utilizar técnicas de modificación de conducta cuando sea necesario.
- Establecer estrategias para captar y mantener la atención.
- Utilizar programas de relajación y de autorreflexión de su comportamiento, así como de desarrollo afectivo-emocional, habilidades sociales e inteligencia emocional.

Recuerde

Para llevar a cabo la planificación de un programa de habilidades de autonomía personal y social y actividades complementarias y de descanso es necesario partir de las características del alumnado al que se hace referencia.

5. Ejecución de programas de habilidades de autonomía personal y social y actividades complementarias y de descanso de un ACNEE

Una vez realizado el diseño y planificación de estos programas, llega el momento de llevarlos a cabo.

Estos tres elementos están íntimamente relacionados pudiéndose realizar cambios en ellos a lo largo del proceso en función de las necesidades. Como se ha dicho con anterioridad, la flexibilidad va a ser un factor fundamental en estos programas y en el trabajo con el alumnado con necesidades educativas especiales.

Si el diseño y la planificación han sido adecuados, la ejecución va a resultar mucho más sencilla.

Se tratará de seguir el plan establecido con las modificaciones que puedan surgir en su puesta en marcha.

En esta ejecución, al igual que en el resto del proceso, participarán todos los agentes implicados, por ello es conveniente establecer reuniones periódicas con todos ellos.

Se puede hablar de dos tipos de coordinación:

- **Horizontal.** Esta hace referencia a la coordinación entre profesionales del mismo nivel educativo.
- **Vertical.** La coordinación entre profesionales de distinto nivel educativo.

Por otro lado se encontraría la coordinación con la familia como miembro de la comunidad educativa. Con ella se establecerían reuniones a través de la tutoría del aula en la que se encuentra el alumno o alumna.

Actividades

7. Investigue a través de internet y busque información acerca de la coordinación en las diferentes comunidades autónomas, y cómo participa la familia en esta tarea.
8. ¿Qué importancia cree que tiene la coordinación para alcanzar el éxito en el proceso educativo? Justifique su respuesta a través de ejemplos.

En ocasiones pueden aparecer dificultades en la ejecución de esos programas o actividades, debido a un mal diseño o planificación.

Estas dificultades pueden estar relacionadas con:

- **Evaluación:** una evaluación deficiente puede llevar a una mala ejecución del programa.
- **Planificación de objetivos:** tal y como se ha citado anteriormente, el desarrollo de objetivos demasiado complejos y poco realistas puede llevar a fracasar en la implementación del programa.
- **Metodología:** también en este sentido se pueden cometer errores si no se elige una metodología adecuada a las características del alumnado.
- **Aspectos relacionados con el alumnado:** existen algunas variables que pueden dificultar el desarrollo del programa o de las actividades complementarias, tales como la falta de motivación por parte del alumnado.

Si se tienen en cuenta todos estos aspectos, así como las características específicas de cada tipo de alumnado descritas en el punto anterior, no debería haber ningún problema a la hora de implementar el programa o de desarrollar actividades complementarias o de descanso.

6. Evaluación de programas de habilidades de autonomía personal y social y actividades complementarias y de descanso de un ACNEE

Tal y como ha quedado establecido a lo largo del capítulo, la evaluación es un proceso fundamental que se debe preparar adecuadamente.

El concepto de evaluación se utiliza en muchos contextos distintos dentro de la vida cotidiana, desde la crítica que se hace de una película hasta qué ha parecido la comida de un restaurante.

La Real Academia Española define el término **evaluar** como "señalar el valor de algo", "estimar, apreciar, calcular el valor de algo". En su tercera acepción se habla de "estimar los conocimientos, aptitudes y rendimiento de los alumnos", siendo esta última la utilizada en el ámbito educativo.

Son muchos los profesionales que han intentado dar una definición de este concepto:

- **González Pérez (2000):** "actividad intencional y organizada a los efectos de producir determinados aprendizajes relevantes para el individuo".
- **Scallon (1999):** "la finalidad de la evaluación es mejorar y el eje de todo ello es la reflexión".
- **Allal (1991), Clarke (2005), Gardner (2006) y Sanmartí (2007):** "la evaluación formativa, de progreso o para aprender, como un factor esencial de aprendizaje, integrado en el mismo proceso y que tiene como objetivo favorecer ese proceso en tiempo real, a través de la observación, interpretación y regulación continua de todos los elementos que lo integran: desde la motivación y fijación de objetivos, de acuerdo con el potencial de aprendizaje en cada estadio y por cada alumno, a la regulación del empeño, de los intentos, de las hipótesis, de las reparaciones, de la superación de las dificultades y del análisis de los logros".
- **Clavijo, Fleming, Hoermann, Toal y Johnson (2005):** se puede entender la evaluación en dos sentidos: "la evaluación de los procesos, es decir, procesos educativos; o la evaluación de los resultados, es decir, el impacto que los procesos desarrollados tienen como un todo. En cualquiera de estas dos aproximaciones se conjuga una serie de factores, participantes, instructores e instructoras, materiales, fines, población, y cualquier otro se convierte en parte de esta 'bolsa' de recursos a considerar".

Se debe entender la evaluación como un proceso, inmersa en el propio proceso educativo, de recogida de información, y que va a ser útil para determinar la validez de un programa y llevar a cabo las modificaciones pertinentes.

Se define la evaluación como un instrumento de enseñanza y de aprendizaje: aprendemos en la medida en que somos capaces de reconocer lo que sabemos y lo que desconocemos, y también en la medida en que reconocemos las dificultades que plantean determinados conceptos o la utilización de algunos de los procedimientos objeto de aprendizaje.

No solo se evalúa al alumnado, sino también al profesorado y al programa establecido.

Actividades

9. Busque otras dos definiciones de evaluación y razone cual es más adecuada desde su punto de vista.
10. Elabore su propia definición de evaluación en base a los contenidos establecidos hasta este momento.

A través de la evaluación se pretende alcanzar los siguientes objetivos:

- Conocer al alumnado al que va dirigido el programa. Como se ha descrito a lo largo del capítulo no se podrá llevar a cabo una buena ejecución del mismo si no se ha elaborado el programa partiendo de las características del alumnado.
- Una vez realizado el programa, se evalúa para conocer si se han alcanzado los objetivos previstos previamente.
- Reflexionar sobre todo el proceso.

La estructura básica de cualquier evaluación que se lleve a cabo respondería a las siguientes preguntas:

- Para qué evaluar: objetivos que se persiguen.
- Qué evaluar: contenidos.
- Cómo evaluar: métodos, técnicas e instrumentos.
- Cuándo evaluar: tiempo, momentos y secuencia.
- Quiénes deben evaluar: las personas que intervienen en el proceso.

Cada una de estas preguntas debe ser resuelta en el momento en el que se describe la evaluación que se va a llevar a cabo.

Al evaluar un programa de autonomía personal y social, es esencial considerar la claridad y relevancia de sus objetivos, así como su adaptabilidad a diferentes contextos y estilos de aprendizaje. Se debe medir la participación activa de los participantes, utilizar estrategias de enseñanza efectivas y recopilar *feedback* tanto de participantes como de facilitadores. La medición de resultados, la aplicación práctica de habilidades, el impacto en la calidad de vida y la participación de familias y comunidades son aspectos clave. También es importante evaluar la sostenibilidad del programa, su sensibilidad cultural, el cumplimiento de estándares éticos y la documentación adecuada para una evaluación integral.

Nota

La evaluación de cualquier programa constará de los mismos aspectos, adecuándolos a las características del programa y del alumnado.

Se pueden describir distintos tipos de evaluación en función de distintos factores.

Según el momento en el que se lleva a cabo, ya se han descrito a lo largo del capítulo distintos tipos de evaluación, que a modo de resumen se exponen en el siguiente esquema:

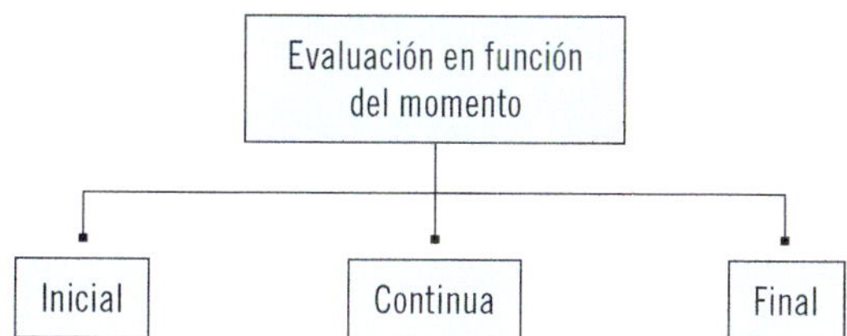

También se pueden establecer otros tipos de evaluación en función de quien la realiza, según sea un agente interno o externo:

- **Evaluación interna.** Es llevada a cabo por personas implicadas en el desarrollo del programa. Dentro de esta modalidad hay distintas opciones: autoevaluación (el evaluado y el evaluador son la misma persona, siendo un

proceso de reflexión), heteroevaluación (la planifica a cabo una persona para aplicarla sobre otras) y coevaluación (participa también el alumnado en el desarrollo de la misma).
- **Evaluación externa.** Esta evaluación es llevada a cabo por profesionales ajenos al centro educativo.

La evaluación será más completa cuantos más agentes participen y más información se obtenga.

La técnica más usada para la evaluación de este tipo de programas es la observación directa. A través de ella se recoge una gran cantidad de información que se puede sistematizar a través de registros de comportamiento.

Además se pueden utilizar otros procedimientos, tales como:

- Diario.
- Análisis de las actividades del alumnado.
- Escalas de observación.
- Entrevistas con los agentes que trabajan con el alumnado.
- Observaciones externas.
- Observaciones en grupo.
- Registros.
- Hojas de seguimiento.

Importante

Para seleccionar el procedimiento más idóneo para la evaluación de un programa se deberá tener en cuenta las características del alumnado y del programa en sí, para poder responder a las necesidades que se planteen.

A continuación, se describe de forma general cada uno de ellos.

Diario

Registros escritos realizados por las personas participantes o facilitadores que documentan sus experiencias, reflexiones y observaciones a lo largo del tiempo.

Análisis de actividades

Evaluación detallada de las actividades realizadas en el programa, centrándose en la efectividad y la alineación con los objetivos del programa.

Escalas de observación

Una herramienta estructurada que utiliza una escala numérica o de calificación para evaluar comportamientos específicos o habilidades durante las observaciones.

Entrevistas

Conversaciones estructuradas o semiestructuradas con participantes, facilitadores u otros interesados, para recopilar información cualitativa sobre experiencias, percepciones y aprendizajes.

Observaciones externas

Evaluación realizada por observadores externos al programa, a menudo expertos en el campo, para obtener una perspectiva objetiva y experta.

Observaciones en grupo

Evaluación de interacciones y dinámicas dentro de un grupo de participantes durante actividades específicas del programa.

Registros

Documentación escrita que puede incluir información sobre la participación, el progreso individual, comportamientos observados y otros datos relevantes.

Hojas de seguimiento

Formularios o documentos diseñados para realizar un seguimiento sistemático de datos específicos a lo largo del tiempo, como la asistencia, la participación y los hitos alcanzados.

Estas herramientas de evaluación son utilizadas de manera complementaria para obtener una comprensión completa de la efectividad y el impacto del programa de autonomía personal y social. Cada una aporta perspectivas diferentes y puede adaptarse según las necesidades y objetivos específicos de la evaluación.

Recuerde

Son muchos los instrumentos que se pueden utilizar para evaluar. En cada momento habrá unos más adecuados que otros.

Una vez que se ha recogido información se deberá interpretar y se elaborará un informe con los resultados obtenidos en la misma.

Este informe servirá para comunicar a todos los agentes implicados cómo se va desarrollando el proyecto.

La información ofrecida hasta este momento es perfectamente útil para todo el alumnado y para todos los programas a aplicar.

En el caso del alumnado con necesidades educativas especiales será necesario adecuar las técnicas, estrategias y actividades a sus necesidades particulares.

A partir de los resultados obtenidos se podrá llevar a cabo una propuesta de modificaciones u optimización del programa llevado a cabo.

Aplicación práctica

Usted está diseñando la evaluación de un programa para el desarrollo de habilidades de autonomía referidas al cepillado de dientes.

Realice una escala de observación con cinco ítems para la evaluación de esta actividad.

SOLUCIÓN (Posible solución)

1	Conoce para qué sirve el cepillo de dientes.	
2	Sabe utilizar el cepillo de dientes.	
3	Sabe cuándo tiene que lavarse los dientes.	
4	Es limpio en la utilización del mismo.	
5	Recoge los utensilios necesarios cuando termina.	
Siempre: S Generalmente: G A veces: A Nunca: N		

De esta manera se termina con los aspectos a tener en cuenta cuando se elabora un programa de autonomía.

Estos son los aspectos que se han trabajado:

- Diseño del programa
- Planificación del mismo
- Ejecución
- Evaluación

Aplicación práctica

Usted es el tutor o tutora de un aula en la que se encuentra Mario, un alumno con discapacidad intelectual moderada.

Mario no tiene adquiridos los saludos fundamentales y se plantea planificar un programa para trabajar estas habilidades básicas.

Establezca las partes fundamentales de este programa tal y como se ha planteado a lo largo del capítulo, marcando los objetivos, contenidos y metodología fundamentales, así como la evaluación.

SOLUCIÓN (Posible solución)

- Diseño.
  En este apartado hay que plantearse los objetivos fundamentales. Serán los siguientes:

  - Conocer los saludos de cortesía: "Hola" y "Adiós".
  - Reconocer situaciones para utilizarlos.
  - Utilizarlos de forma adecuada.

  En cuanto a los contenidos podrían ser:

  - Los saludos: "Hola" y "Adiós".
  - Situaciones de intercambio social.
  - Gusto por el empleo de estos saludos.

  La metodología más adecuada es la descrita a lo largo del capítulo, a través de experiencias y de forma estructurada.

  Se utilizará el modelado y el moldeamiento, así como el encadenamiento hacia atrás.

Continúa en página siguiente >>

<< Viene de página anterior

La evaluación será continua y global, observando las producciones del alumno y modificando lo que sea necesario para alcanzar los objetivos planteados.

- Planificación.
  En ella se tendrán en cuenta las características del alumnado y todos los agentes implicados en el programa.

  En función de esto se planificarán las distintas actividades.

- Ejecución.
  Se llevará a cabo el programa a partir del diseño y planificación del mismo.

- Evaluación.
  A lo largo del programa y al final del mismo se lleva a cabo la evaluación a través de los instrumentos que se consideren oportunos, reflexionando sobre los resultados obtenidos.

---

7. Técnicas para la modificación de conducta: observación, aplicación y registro

La conducta se entiende como la manera que tiene una persona de comportarse en una situación determinada o en general.

El conjunto de estas conductas conformaría lo que se puede llamar comportamiento.

El ambiente que rodea a la persona va a tener un papel muy importante en este comportamiento, siendo uno de los factores que se deberá tener en cuenta a la hora de valorar una determinada conducta.

Dentro del alumnado con necesidades educativas especiales, descrito en apartados anteriores, se encuentra aquel que presenta trastornos graves de conducta, y también se pueden encontrar problemas de comportamiento en el resto del alumnado con otro tipo de dificultades, tanto en las actividades cotidianas como en los programas de habilidades de autonomía personal y social, actividades complementarias y de descanso.

Por este motivo es necesario el desarrollo de este apartado, en el que se verán las formas más comunes de técnicas de modificación de conducta, que tratan precisamente de modificar los comportamientos inadecuados que pueda presentar el alumnado.

Todas ellas deben partir de una adecuada evaluación previa y del conocimiento de las características del alumnado al que van dirigidas.

Deben ejecutarse, observarse y registrarse en colaboración con todos los profesionales que intervengan con el alumnado, para que se potencie la integración y desarrollo personal del ACNEE.

Observación

El primer paso a llevar cabo para aplicar una técnica de modificación de conducta sería la observación de la misma durante un periodo de tiempo.

Se tomarán los datos oportunos para poder describir correctamente la conducta y seleccionar la técnica adecuada que se va a utilizar.

Aplicación

Se pueden encontrar numerosas clasificaciones de este tipo de técnicas, pero de forma general se pueden dividir en dos grandes apartados:

- Técnicas para implementar una determinada conducta.
- Técnicas para que una conducta desaparezca.

En cuanto al primer grupo se pueden incluir las siguientes:

- **Refuerzo positivo.** Se trata de premiar las conductas positivas que realiza el alumnado. Estos refuerzos se pueden controlar a través de la economía de ficha o el coste de respuesta.

EJEMPLO DE ECONOMÍA DE FICHAS							
Conductas	**Lunes**	**Martes**	**Miércoles**	**Jueves**	**Viernes**	**Sábado**	**Domingo**
Recoger su plato después de cenar y antes de ir a ver la tele	☺	☺					
Poner la mesa al volver del colegio al mediodía	☺	☹	☺				
No responder "ahora voy" cuando le llama mamá o papá	☹	☺					

- **Técnica de Premack.** También conocida como principio de Premack, se basa en la idea de motivar la realización de una actividad menos preferida ofreciendo como recompensa el acceso a una actividad más deseada. Esta técnica aprovecha las preferencias individuales para aumentar la probabilidad de realizar comportamientos menos preferidos, a través de la promesa de participar en actividades más atractivas.
- **Aprendizaje por observación.** Se centra en el proceso mediante el cual las personas adquieren nuevas conductas a través de la observación de otros. Esta forma de aprendizaje implica la capacidad de imitar y modelar comportamientos observados, ya sea en situaciones de la vida diaria, a través de medios de comunicación o en interacciones sociales.
- **Moldeamiento.** Es una estrategia de modificación de comportamiento que implica reforzar pasos sucesivos hacia la adquisición de una conducta deseada. Este método descompone una habilidad o comportamiento en etapas más pequeñas, reforzando gradualmente cada paso para guiar al individuo hacia la realización final del comportamiento deseado.

Nota

Existen tres tipos de refuerzo positivo: material, social y a través de actividades que gusten al alumnado.

En cuanto a las técnicas para la desaparición de conductas existen las siguientes:

- **Retirada de atención.** Es una estrategia de modificación de conducta que implica dejar de prestar atención a un comportamiento no deseado. Este enfoque se basa en la idea de que, al ignorar el comportamiento problemático, se reduce su probabilidad de ocurrencia. La retirada de atención puede ser efectiva para conductas que buscan la atención como refuerzo.
- **Tiempo fuera de reforzamiento.** Es una técnica que implica retirar temporalmente al individuo de un entorno o actividad reforzante como consecuencia de un comportamiento no deseado. Durante este período, se elimina la posibilidad de acceso a recompensas o refuerzos. Este método busca disminuir la frecuencia del comportamiento problemático al asociar su ocurrencia con la pérdida temporal de acceso a actividades o estímulos reforzantes.
- **El castigo.** Es una consecuencia aversiva que sigue a un comportamiento no deseado con el objetivo de disminuir la probabilidad de que ese comportamiento ocurra nuevamente en el futuro. Puede ser de naturaleza positiva, involucrando la aplicación de un estímulo aversivo, o de naturaleza negativa, implicando la eliminación de un estímulo positivo. Es importante utilizar el castigo de manera cuidadosa y ética, ya que su aplicación inapropiada puede tener efectos no deseados.

Actividades

11. Busque definiciones en internet de técnicas de modificación de conducta y elabore la suya propia.
12. Realice un esquema con las diferentes técnicas descritas en este apartado.

Registro

Cuando se estén aplicando estas técnicas será necesario llevar a cabo un registro para poder reflexionar sobre los resultados que se van alcanzando.

La consecución del cambio de una conducta no es algo sencillo y puede llevar un tiempo, por ese motivo registrar en todo momento los resultados que se van obteniendo es de vital importancia.

Con frecuencia se utilizan registros semanales de las conductas. Un ejemplo podría ser el siguiente:

Lunes
Asignatura: **Comportamiento:** **Trabajo:**

Otro tipo de estos registros:

Conducta a eliminar o modificar	Lugar y momento en el que se da	Personas presentes

La importancia de que todos los miembros implicados se coordinen y trabajen de forma conjunta, hace que también sea necesario llevar a cabo un registro de estas actuaciones.

Un ejemplo del mismo podría ser el siguiente:

Semana:		
Relación con los compañeros	Relación con el profesorado	Relación con la familia

La conducta incide de forma significativa en la autonomía del alumnado, y es necesario tener un buen comportamiento para poder disfrutar de las actividades complementarias y de descanso. Esta es la conexión que se tiene con estos programas de habilidades.

Aplicación práctica

Usted es la titular de un aula en la que se encuentra Darío, un alumno de 10 años con un trastorno grave de conducta.

Indique los pasos a seguir para implementar una técnica de modificación de conducta y describa la técnica de tiempo fuera de reforzamiento, además de realizar un registro semanal de los comportamientos del alumnado.

SOLUCIÓN

Tal y como se ha desarrollado a lo largo de este capítulo, los pasos a seguir para utilizar una técnica de modificación de conducta serían los siguientes:

- Observación
  En primer lugar se observa la conducta que está interfiriendo en el buen desarrollo del alumnado. Se debe describir y tener datos suficientes, realizando una evaluación inicial de la misma.

- Aplicación
  En función de los datos obtenidos se seleccionará la técnica más adecuada, que en este caso concreto sería la técnica de tiempo fuera de reforzamiento. Esta técnica consiste en dejar al alumno sin el refuerzo correspondiente. Por ejemplo, si le gusta realizar un puzle después de trabajar, se le quita este refuerzo.

Continúa en página siguiente >>

<< Viene de página anterior

- Registro
  Se lleva a cabo un registro semanal de las conductas observadas que podría seguir la siguiente estructura:

	Lunes	Martes	Miércoles	Jueves	Viernes
A					
CC					
T					
A: asignatura C: comportamiento T: trabajo					

---

8. Resumen

Las habilidades de autonomía personal y social, así como las actividades complementarias y de descanso son fundamentales para el desarrollo integral del alumnado.

Al igual que con el resto de actividades, la programación de las mismas es una parte fundamental para que se desarrollen con éxito, no siendo adecuado dejarlas a la improvisación y el azar.

A través de ellas se puede contribuir a alcanzar la competencia en autonomía personal y social, básica para el desarrollo completo del currículo.

Se trata de una de las competencias básicas que debe haber alcanzado todo el alumnado al finalizar la enseñanza obligatoria, formando parte de los objetivos a alcanzar.

Todas las actividades que se llevan a cabo pueden tener un componente educativo y son igual de importantes, por lo que no se debe dar menos importancia a unas que a otras. Es necesario encontrar el equilibrio entre todas ellas.

De esta manera se logrará uno de los objetivos fundamentales a alcanzar con el alumnado con necesidades educativas especiales, el desarrollo máximo de su autonomía.

Ejercicios de repaso y autoevaluación

1. De las siguientes frases, indique cuál es verdadera o falsa.

a. Las habilidades de autonomía no son imprescindibles para ejercer nuestra libertad.

☐ Verdadero
☐ Falso

b. En la mayoría de los casos, estas habilidades se aprenden de forma automática.

☐ Verdadero
☐ Falso

c. En ocasiones, con el alumnado con necesidades educativas especiales, es necesario enseñarlas de forma explícita.

☐ Verdadero
☐ Falso

d. Podemos clasificarlas en distintas áreas.

☐ Verdadero
☐ Falso

2. Complete la siguiente frase.

Se entiende por alumnado que presenta necesidades educativas ______________, aquel que requiera, por un periodo de su escolarización o a lo largo de toda ella, determinados ____________ y ______________________ derivadas de ________________ o ______________________________.

3. Enumere las áreas en las que dividimos las habilidades de autonomía.

1. ___
2. ___
3. ___
4. ___
5. ___
6. ___
7. ___
8. ___
9. ___
10. ___
11. ___

4. Relacione los siguientes elementos.

a. Evaluación inicial
b. Evaluación continua
c. Evaluación final

__ Con esta evaluación reflexionamos a lo largo de todo el proceso.
__ Para conocer si hemos alcanzado los objetivos.
__ A través de ella podemos conocer las características del alumnado.

5. ¿Cuál es la definición de la zona de desarrollo próximo de Vigotsky?

___
___
___
___

6. Ordene los siguientes elementos:

a. 1
b. 2
c. 3
d. 4

___ Diseño
___ Evaluación
___ Planificación
___ Ejecución

7. Enumere los agentes que pueden participar en la planificación de un programa de habilidades para la autonomía personal y social.

____
____
____
____
____
____
____

8. ¿Qué aspectos debemos tener en cuenta en la planificación de las actividades complementarias?

1. ______________________________________
2. ______________________________________
3. ______________________________________
4. ______________________________________
5. ______________________________________
6. ______________________________________
7. ______________________________________
8. ______________________________________
9. ______________________________________
10. ______________________________________
11. ______________________________________

9. Complete la siguiente definición.

El término diversidad funcional, ha sido creado para ir dejando atrás términos como ________________ o ________________, y se ajusta a una realidad en la que la persona funciona de manera ________________ o ________________ a la mayoría de la sociedad. Dicho término fue acuñado por el Foro de Vida Independiente y Diversidad (2005), que lo definió como "la ________________ de funcionamiento de una persona al realizar las __________ __________ (desplazarse, leer, agarrar, ir al baño, comunicarse, relacionarse, etc.) de manera ________________ a la mayoría de la población.

10. De las siguientes frases indique cuál es verdadera o falsa.

a. Las actividades que llevemos a cabo deben ser lo más funcionales posible.

- ☐ Verdadero
- ☐ Falso

b. No debemos utilizar el aprendizaje sin error.

- ☐ Verdadero
- ☐ Falso

c. Se debe partir siempre de las habilidades previas del alumnado.

- ☐ Verdadero
- ☐ Falso

11. Indique cuál de estos aspectos no debemos tenerlos en cuenta en la planificación de un programa para alumnado con diversidad funcional por limitaciones en la movilidad.

a. Accesibilidad del centro.
b. Ayudas técnicas.
c. Sonorización.
d. Necesidad o no de un sistema aumentativo o alternativo de comunicación.

12. Relacione los siguientes elementos.

a. Coordinación vertical
b. Coordinación horizontal

__ Esta hace referencia a la coordinación entre profesionales del mismo nivel educativo.
__ La coordinación entre profesionales de distinto nivel educativo.

13. Enumere los objetivos que podemos alcanzar a través de la evaluación.

14. ¿En qué dos apartados podemos clasificar las técnicas de modificación de conducta?

15. Ordene los pasos a seguir en la implementación de una técnica de modificación de conducta.

a. 1
b. 2
c. 3

__ Aplicación
__ Registro
__ Observación

Capítulo 2

Proceso de enseñanza-aprendizaje del ACNEE en el aula

Contenido

1. Introducción

El aprendizaje es un proceso por el cual se adquieren conocimientos y destrezas, y que necesita de la enseñanza para poder desarrollarse con éxito.

La enseñanza por tanto sería el proceso por el que se instruye para lograr alcanzar el conocimiento.

En el caso del alumnado con necesidades educativas especiales (ACNEE) existen ciertas peculiaridades en este proceso de enseñanza-aprendizaje que se deben tener en cuenta y que se mostrarán a lo largo del capítulo.

Para ello, se hará un recorrido por los aspectos más importantes que caracterizan a este alumnado, algunos de ellos descritos en el capítulo anterior someramente.

Estos dependerán también del aula en el que está escolarizado el alumnado, ya que el proceso de enseñanza-aprendizaje no será igual para un alumno o alumna escolarizado en un aula ordinaria que para el que está en un aula específica.

Será necesario tener en cuenta todos estos aspectos si se quiere que el proceso se desarrolle con éxito, así como las distintas metodologías que se pueden utilizar y las adaptaciones curriculares a diseñar.

2. ACNEE: características y tipos

Para comenzar este punto es necesario recordar en primer lugar a qué se hace referencia cuando se habla de alumnado con necesidades educativas especiales.

Se trata de un término que ha ido evolucionando con el tiempo y que es la base del informe Warnock (1978).

Este informe desecha el modelo tradicional de educación especial y considera necesario acabar con la idea de que existen dos clases de niños y niñas, deficientes y no deficientes.

Por otro lado también apunta que es preciso detectar cuáles son las necesidades del alumnado, a través de una valoración multidimensional desde la que se determinan las necesidades educativas especiales en cada caso.

En España este concepto se introduce en la legislación con la Ley Orgánica 1/1990, de 3 de octubre, de Ordenación General del Sistema Educativo (LOGSE), experimentando diversos cambios según han ido modificándose las leyes educativas.

En la actualidad, la Ley Orgánica 3/2020, de 29 de diciembre, por la que se modifica la Ley Orgánica 2/2006, de 3 de mayo, de Educación, en su artículo 73 considera al alumnado con necesidades educativas especiales a aquel que requiera en un periodo de su escolaridad o a lo largo de toda ella determinados apoyos o atenciones educativas específicas derivadas de discapacidad o trastornos graves de conducta.

A continuación, se describirán cada uno de los tipos de alumnado que se encuentran inmersos en este concepto así como sus características.

Nota

En la actualidad, en el sistema educativo se recoge la necesidad de tener en cuenta la diversidad del alumnado.

2.1. Discapacidad intelectual (diversidad funcional por limitaciones en el funcionamiento cognitivo)

Tal y como se ha descrito en el capítulo uno, el término discapacidad intelectual es un concepto amplio en el que se pueden encontrar gran cantidad de acepciones.

La discapacidad intelectual definida por Schalock (2007) "se caracteriza por limitaciones significativas en el funcionamiento intelectual y en la conducta adaptativa, expresada en las habilidades adaptativas conceptuales, sociales y prácticas".

En el proceso de enseñanza-aprendizaje de este alumnado influyen sobre todo los siguientes aspectos:

- Tendencia a un locus de control externo.
- Alta expectativa de fallo que lleva a la indefensión aprendida.
- Fuerte dependencia de orientaciones externas (estilo hetero-dirigido).

Teniendo estos aspectos en cuenta se utilizarán materiales que faciliten el desarrollo de las capacidades básicas tales como: percepción y discriminación sensorial, habilidades y destrezas psicomotoras, habilidades cognitivas básicas, capacidad de comunicación oral y escrita, habilidades sociales.

Algunos de estos materiales podrían ser:

- **Material para la estimulación sensorial.** Se incluyen en este grupo aquellos juguetes y objetos que estimulen la percepción visual, auditiva, táctil y olfativa, como columnas de vidrio luminosas, móviles musicales, paneles luminosos, etc.
- **Material para la psicomotricidad.** Se trata del conjunto de recursos que se pueden emplear en los juegos psicomotores, como colchonetas, piscinas de bolas, xilófonos, etc.
- **Material para la estimulación cognitiva y sensorial.** Se incluyen aquí diferentes juguetes que favorecen el desarrollo de habilidades cognitivas, lingüísticas y perceptivas, como tableros de figuras geométricas, juegos de ensartar, etc.

Ejemplo de sala de estimulación multisensorial

En cuanto a las actividades a desarrollar con este alumnado, Font (1994) establece los siguientes objetivos como prioritarios en el proceso de enseñanza-aprendizaje:

- La adquisición de los hábitos de autonomía personal y social así como las habilidades de relación e interacción.
- Potenciar el desarrollo de las posibilidades comunicativas.
- Favorecer el desarrollo de las habilidades previas a otras más complejas.
- Facilitar la adquisición de habilidades académicas instrumentales.
- Promover los conocimientos y valores básicos que permitan la comprensión y acceso a su entorno y a la cultura.
- Gestión del ocio y el tiempo libre.
- Proporcionar la formación y orientación adecuadas para la preparación al mundo del trabajo y a la vida adulta (autodeterminación).

2.2. Trastornos Generalizados del Desarrollo (TGD)

El término Trastornos Generalizados del Desarrollo (TGD), se refiere a un grupo de trastornos caracterizados por retrasos en el desarrollo de las aptitudes de socialización y comunicación.

Al igual que en el apartado anterior, sería preciso desarrollar en este alumnado sus necesidades básicas. El material podría ser el siguiente:

- Ordenador con los recursos y materiales que sean precisos. Suele ser un elemento muy motivador para el alumnado que facilita el proceso de enseñanza-aprendizaje.
- Material fungible, para realizar agendas, claves visuales, etc.
- Material para trabajar las habilidades de la vida diaria referidas al aseo, alimentación, vida en el hogar, etc.
- Material audiovisual.
- Material para fomentar el desarrollo cognitivo adaptado a las necesidades individuales del alumnado.

Para la intervención con este alumnado, en el diseño de actividades, será necesario tener en cuenta los siguientes aspectos:

- Protección sensorial. Contemplar las posibles hipersensibilidades sensoriales para facilitar una relación adecuada entre él o ella y su entorno.
- Organización del entorno mediante la introducción de claves sociales significativas y accesibles a sus capacidades. Se trata de organizar un mundo con un alto grado de predictibilidad.
- Uso de ayudas visuales para facilitar su comprensión del mundo que le rodea.
- Enfatizar el desarrollo de la comunicación, centrándose en el desarrollo de habilidades básicas de comunicación.
- Entrenamiento en emociones.
- Programar la mejora de las habilidades en juego interactivo y juego de grupo.
- Normalización del uso de objetos y juguetes.

Ejemplo

Cuando se habla del uso de ayudas visuales se puede hacer referencia a los pictogramas, muy utilizados con este alumnado.

2.3. Discapacidad motora (diversidad funcional por limitaciones en la movilidad)

Dentro de este alumnado se encontraría aquel que para realizar una actividad que implica movimiento, lo hace de forma diferente a la mayoría o no puede ejecutarla.

El alumnado con discapacidad motórica tiene dificultades para el control postural, la bipedestación, la marcha, la manipulación de todo tipo de objetos y para la interacción con el entorno. Puede precisar de algunas adaptaciones en el material que se emplee en el proceso de enseñanza-aprendizaje, tales como:

- Adaptaciones del puesto de estudio. En este sentido habrá que adaptar el pupitre así como tener en cuenta la ubicación del alumno/a en el aula.
- Ayudas para el manejo de los útiles escolares. Adaptadores para lápices, tijeras, etc.
- Equipamiento para la escritura. Atriles, imprentillas, máquinas de escribir eléctricas, ordenadores personales con programas de barrido o escaneado, pulsadores adaptados, pantallas táctiles, teclados adaptados, ratón láser, licornio, conmutador morse, digitalizador de voz y sintetizador de voz.
- Adaptaciones en el material manipulativo. Juguetes adaptados, pivotes adhesivos para la manipulación de piezas, tarjetas y material imantado, etc.
- *Software* educativo. Se trata de los programas de estimulación del lenguaje, de estimulación sensorial...

Ayudas para la comunicación. Por ejemplo paneles de comunicación (soportes planos para la colocación de imágenes y símbolos de los diferentes sistemas de comunicación) y ayudas para la comunicación oral (sintetizadores de voz, comunicadores).

Ayudas para el entretenimiento. Juegos de baloncesto adaptados, columpios adaptados, triciclos, etc.

Ejemplo de pulsador adaptado

Con respecto a las actividades será preciso tener en cuenta los siguientes aspectos:

- Las actividades deben tener distintos grados de dificultad.
- Para la consecución de un objetivo se deben programar actividades diversas y que puedan ejecutarse de distinta manera.
- Se pueden utilizar actividades individuales pero también en pequeño grupo y gran grupo.

2.4. Trastornos sensoriales (diversidad funcional por limitaciones en la audición y en la visión)

Este tipo de trastornos pueden presentarse de forma única o asociados a otro tipo de discapacidad.

Nota

Existe una gran diversidad en este grupo de alumnado, ya que se pueden encontrar con alumnos y alumnas que no tienen ningún resto visual o auditivo hasta otros que tienen buenos restos. Por este motivo es necesario realizar una buena evaluación para que el proceso de enseñanza-aprendizaje se desarrolle con éxito.

Discapacidad auditiva o diversidad funcional por limitaciones en la audición

El alumnado con discapacidad auditiva puede beneficiarse del uso de la mayor parte del material curricular de uso general gracias a que mantiene indemne el sentido de la vista y por el mismo se percibe la mayoría de los estímulos. Asimismo la información visual y táctil es la predominante en los materiales de uso convencional. No obstante, la atención educativa adecuada de este alumnado hace necesario el empleo de los materiales y el equipamiento que aprovechan los restos auditivos existentes. Entre otros, estos materiales son los siguientes:

- Equipamiento para la rehabilitación auditiva. Equipamiento técnico para el desarrollo de metodologías específicas de estimulación del lenguaje oral como el método verbotonal o las tarjetas visualizadoras del habla. También se incluye en este grupo la prótesis auditiva.
- Equipamiento para la comunicación como los emisores de frecuencia modulada que llevan la señal directamente al receptor individual del alumno/a o los teléfonos de texto.
- Materiales para la reeducación auditiva. Son muy utilizados por los especialistas en pedagogía terapéutica y en audición y lenguaje y su finalidad es la de desarrollar el sentido musical y el ritmo, facilitar el desarrollo del lenguaje y la discriminación auditiva, fonética y fonemática.
- Materiales didácticos específicos para el desarrollo de la comunicación y el lenguaje del alumnado, a través del lenguaje signado, labio lectura y aprovechamiento de restos auditivos. Programas secuenciados para el aprendizaje del lenguaje bimodal, del *cued speech,* cuentos en imágenes, etc.
- Adaptación de los materiales didácticos convencionales. Garrido Landívar, 2002, señala tres aspectos metodológicos importantes referidos al aprendizaje de la lectoescritura: la utilización de métodos analíticos, la selección y adaptación de los textos y el reforzamiento de las técnicas instrumentales.

Nota

El método verbotonal está diseñado para la rehabilitación y desarrollo de la primera lengua en personas sordas. Su creador fue el profesor Guberina y se utilizan unos aparatos llamados SUVAGS.

En el proceso de enseñanza-aprendizaje se tendrá en cuenta lo siguiente:

- Contemplar en el currículum todas las capacidades de forma equilibrada.
- Buscar acuerdos sobre los contenidos esenciales.
- Favorecer la revisión, el resumen, la síntesis y la interrelación entre lo que se está trabajando en cada momento y los aprendizajes realizados con anterioridad por el alumno.
- Priorizar las tareas interdisciplinarias y las actividades globalizadoras.
- Es importante revisar el tiempo que el profesor dedica a las explicaciones de una tarea y el tiempo que tienen los alumnos para aplicar lo aprendido.
- Diversificar el tipo de actividades.
- Utilizar formas de trabajo cooperativo.

Discapacidad visual o diversidad funcional por limitaciones en la visión

Con respecto a los materiales curriculares se pueden establecer los siguientes grupos:

- Adaptación de los recursos didácticos bibliográficos para ciegos. Cualquier texto puede ser adaptado, a través de la trascripción Braille o la grabación sonora. En la actualidad las TIC facilitan este proceso.

Alfabeto braille

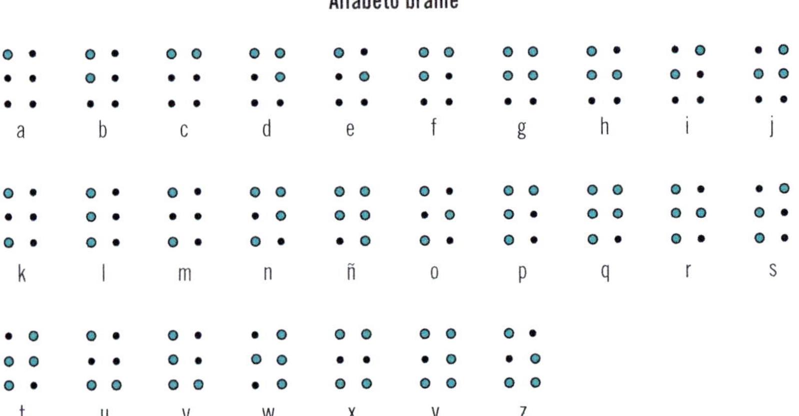

- Los recursos para la escritura y el dibujo para ciegos. Aquí se pueden distinguir tecnología específica de acceso a la información como la máquina perkins o material específico para las distintas áreas, como material para la pre-lectoescritura en braille, material para el cálculo, la geometría o para el conocimiento del medio.

Máquina perkins

- Adaptación de los recursos didácticos bibliográficos para el alumnado con baja visión. Se pretende aprovechar sus restos visuales. Para ello se recurre al entrenamiento en discriminación visual y al empleo de ayudas técnicas para la amplificación de la visión o del material, como gafas, lupas, ampliación de textos, etc. También se encuentran recursos didácticos adaptados (no bibliográficos) en las distintas áreas curriculares, con una amplia gama de materiales tridimensionales y en relieve, material para el dibujo y la pintura, balones sonoros para el área de educación física, etc.

Ejemplo de material tridimensional

- Recursos para el entretenimiento y el juego. Existe una gama de juegos adaptados para ciegos y deficientes visuales comercializados por la Unidad Tiflotécnica de la ONCE, como parchís, ajedrez, etc.

Ajedrez adaptado

Con respecto al proceso de enseñanza-aprendizaje, se tendrá en cuenta lo siguiente:

- Las explicaciones deben ser muy descriptivas y concretas.
- Si el alumnado utiliza el braille, se debe asegurar que recibe el material que necesita.
- Es posible que este alumnado requiera más tiempo para la realización de actividades.
- Se utilizarán referencias verbales concretas.
- Se dividirá la tarea en pequeños pasos.

2.5. Trastornos graves de conducta (TGC)

Como ya se mencionó en el primer capítulo, este tipo de trastornos también hace referencia a aspectos bastante ambiguos, no siendo fácil encontrar una definición única.

Es difícil hacer mención a materiales curriculares concretos, ya que con este alumnado se utilizarán más estrategias metodólogicas precisas que materiales curriculares.

Con respecto a las actividades a llevar a cabo se partirá de:

- Evitar el exceso de información.
- Planificar y estructurar correctamente la tarea.
- Graduar la dificultad evitando la frustración del alumnado.
- Controlar el entorno para que no sea demasiado distractor.

Actividades

1. Elabore un mapa conceptual en el que aparezcan cada uno de los grupos incluidos en el concepto de alumnado con necesidades educativas especiales y materiales curriculares que se pueden emplear con cada uno de ellos.
2. Busque y elabore una definición de lo que son los materiales curriculares.

Aplicación práctica

Usted es el tutor o tutora de María, una alumna con diversidad funcional por limitaciones en la visión.

María tiene restos visuales y no es usuaria de braille. Establezca los materiales curriculares que se podrían utilizar con esta alumna proponiendo una actividad para cada uno.

Continúa en página siguiente >>

<< Viene de página anterior

SOLUCIÓN

Se pueden agrupar en los siguientes bloques:

- Ayudas técnicas para la amplificación de la visión o del material: gafas, lupas, ampliación de textos. Este tipo de materiales ayudan a llevar a cabo las distintas actividades que se van a realizar, ya que permiten que el alumnado pueda percibir la información. Se trata de materiales de acceso a la información.
- Materiales tridimensionales y en relieve. Un ejemplo de actividad sería adivinar lo que el alumnado percibe a través del tacto. De esta manera se potenciaría el desarrollo del sentido del tacto.
- Material para dibujo y pintura. También es necesario que este material se adapte a las características del alumnado. Una actividad podría ser realizar un collage con distintas texturas.
- Material para educación física como balones sonoros. Se puede jugar con estos balones con todo el alumnado.
- Juegos de mesa adaptados. Se pueden utilizar estos juegos para mejorar la convivencia del alumnado.

3. Metodologías de trabajo con el ACNEE: tipos y características

Las metodologías en el ámbito educativo se refieren a los enfoques, estrategias y técnicas que los educadores utilizan para enseñar y facilitar el aprendizaje de los estudiantes. Estas metodologías pueden variar ampliamente según el contexto educativo, las necesidades de los estudiantes y los objetivos de aprendizaje. Algunas metodologías comunes incluyen el aprendizaje basado en proyectos, el aprendizaje colaborativo, el aprendizaje activo, el método de resolución de problemas, el aprendizaje individualizado, entre otros. Cada metodología tiene sus propias características y beneficios, y los educadores suelen seleccionar y adaptar las metodologías según las necesidades específicas de sus estudiantes y los objetivos de aprendizaje que desean alcanzar. De la misma manera que en el apartado anterior, se procederá a describir las más frecuentes en función del grupo de alumnado que se está atendiendo.

3.1. Discapacidad intelectual (diversidad funcional por limitaciones en el funcionamiento cognitivo)

La clave con este alumnado es organizar entornos saludables, que favorezcan su desarrollo y les ayude a alcanzar las competencias básicas.

Esto se conseguirá a través de aprendizajes útiles, significativos y funcionales.

Se pueden señalar cuatro modelos metodológicos fundamentales:

- **Modelo ecológico y funcional con una programación por entornos.** En este modelo se considera que cualquier espacio puede ser una fuente de aprendizaje, por lo que deben estar todos preparados. Como técnica metodológica se puede utilizar el modelado y el encadenamiento hacia atrás. El aprendizaje deberá ser interactivo.
- **Modelo de estimulación multisensorial.** Cuando la afectación del alumnado es muy elevada, se puede utilizar esta metodología. Se fundamenta en la estimulación basal (A. Fröhlch, 1998) y en la fisioterapia. Se trata de que el alumno conecte con el entorno.
- **La enseñanza de habilidades comunicativas y sociales.** Esta metodología se centra en el desarrollo de la comunicación y las relaciones sociales, a través de sistemas aumentativos o alternativos de comunicación si es necesario.
- **El tratamiento de las conductas problemáticas como conductas desafiantes.** En ocasiones este alumnado puede presentar problemas de comportamiento. En este caso, la prioridad sería solucionar estas dificultades.

Ejemplo de sistema de comunicación

3.2. Trastornos generalizados del desarrollo (TGD)

Con este alumnado los aspectos generales a tener en cuenta en la metodología son los siguientes:

- Funcionalidad en el diseño de actividades, partiendo de sus intereses para asegurar la motivación.
- Aprendizaje sin error, utilizando las técnicas de modelado y moldeamiento.
- Enseñanza incidental.
- Contextos naturales y normalizados.
- Individualización.
- Partir de las habilidades previas.
- Potenciar el desarrollo de sus puntos fuertes.
- Protección sensorial. Tener en cuenta las posibles hipersensibilidades sensoriales para facilitar una relación adecuada entre él o ella y su entorno.
- Organización del entorno mediante la introducción de claves sociales significativas y accesibles a sus capacidades. Se trata de organizar un mundo con un alto grado de predictibilidad.

- Uso de ayudas visuales para facilitar su comprensión del mundo que le rodea.
- Enfatizar el desarrollo de la comunicación, centrándose en el desarrollo de habilidades básicas de comunicación.
- Entrenamiento en emociones.
- Programar la mejora de las habilidades en juego interactivo y juego de grupo.
- Normalización del uso de objetos y juguetes.

3.3. Discapacidad motora (diversidad funcional por limitaciones en la movilidad)

Para responder a las necesidades del alumnado con discapacidad motriz es importante crear un entorno que optimice las condiciones de enseñanza y aprendizaje. Como han señalado Soro y Marco (1990) para la organización de este entorno se puede utilizar varias estrategias metodológicas:

- **Espacio.** Es imprescindible cuidar los puntos de iluminación para que haya iluminación suficiente pero que no provoque reflejos. Los materiales deberán colocarse a una altura accesible para el alumnado que vaya en silla de ruedas. También pueden crearse espacios de trabajo individual, donde el alumno puede moverse con facilidad.
- **Materiales.** Es necesario disponer de ayudas técnicas generales e individuales adecuadas a las necesidades de cada alumno o alumna.
- **Organización.** La forma de organizar la globalidad de los servicios puede mejorar la intervención educativa. La sectorización de servicios que permite la asistencia a la escuela de su barrio o zona, cerca de su casa, junto con sus compañeros de vida extraescolar es un acierto personal y social.
- **Proceso educativo.** Una de las estrategias metodológicas más importantes radica en la habilidad o estilo de enseñar del profesional. Este, además de conocer los principios generales de procedimientos didácticos, pedagógicos y psicológicos, necesita conocer procedimientos y estrategias especiales que garanticen la adquisición de contenidos y objetivos curriculares.

3.4. Trastornos sensoriales (diversidad funcional por limitaciones en la audición y la visión)

Dentro de los trastornos sensoriales se puede hacer mención a la diversidad funcional por limitaciones en la audición y la visión.

A continuación, se hará la distinción oportuna entre estos dos tipos de trastornos.

Discapacidad auditiva o diversidad funcional por limitaciones en la audición

La presencia en el aula de alumnado con deficiencias auditivas debe reforzar el empleo de algunos principios metodológicos como favorecer la actividad, experiencias directas, actividades en pequeños grupos, utilizar métodos visuales, etc.

Algunas estrategias que pueden favorecer el proceso de enseñanza y aprendizaje del alumnado sordo son (Valmaseda, 1994):

- Optimizar las condiciones acústicas y de iluminación del aula, cuidar la ubicación y asegurar un adecuado uso de las ayudas técnicas.
- Presentar la información de manera visual.
- Informar al alumnado de lo que se va a trabajar.
- Potenciar la experiencia directa y las interacciones con los compañeros.
- Sensibilizar a los compañeros oyentes.
- Propiciar situaciones de éxito y refuerzo positivo.

Garrido Landívar (1994) sugiere las siguientes estrategias comunicativas que el profesor debe tener presente y poner en acción:

- Háblale lo más cerca posible, colocándote a su misma altura y poniéndote enfrente.
- Favorecer la lectura labiofacial colocando al alumno de espaldas a la luz natural, no tener barba o bigote, no dar información cuando estás escribiendo en la pizarra, no colocar nada frente a tus labios, distribuir las explicaciones a lo largo de la jornada.

- Háblale utilizando frases sencillas, pero completas y gramaticalmente correctas.
- Sitúa al alumno sordo junto a uno oyente que muestre empatía.
- Ayudarle a que siga los debates y asambleas.
- Realiza tus explicaciones siempre de frente a la clase.
- Promueve la participación del alumno sordo.

Nota

La presencia de una disfunción en alguno de los sentidos no implica que el resto mejoren, sino que al utilizarlos más se hacen más eficaces.

Discapacidad visual o diversidad funcional por limitaciones en la visión

Con este alumnado es necesario tener en cuenta las siguientes estrategias metodológicas:

- El carácter analítico de la exploración táctil conlleva un ritmo de aprendizaje más lento.
- El aprendizaje vivencial, por medio de experiencias, es muy importante.
- La ausencia de imitación cultural hace que haya que guiarles físicamente en muchos aprendizajes.
- Deben aprovechar lo máximo posible el resto visual que poseen.
- Deben seleccionarse las actividades que sean representativas de los aprendizajes que debe realizar.
- Se debe partir de lo concreto y de lo particular hasta llegar a lo global y general.

3.5. Trastornos graves de conducta (TGC)

Se pueden utilizar las siguientes estrategias con este alumnado:

- Creación de aulas de convivencia. Se pueden utilizar para que el alumnado reflexione sobre sus conductas.
- Participación del alumnado como principio fundamental.
- Tutoría de iguales.
- Alumnado mediador.
- Clima altamente estructurado.
- Consecuentes a las tareas.
- Control del comportamiento disruptivo.
- Estrategias para captar y mantener la atención.

Existen algunos programas que están recomendados para este tipo de alumnado:

- Programa de relajación.
- Programas conductuales.
- Programas dirigidos a la autorreflexión sobre su comportamiento.
- Programa de desarrollo de las funciones ejecutivas y del razonamiento.
- Programas de desarrollo afectivo-emocional.
- Programas de mejora de la autoestima y autoconcepto.

Actividades

3. Busque actividades para llevar a cabo un programa de relajación con alumnado con necesidades educativas especiales.
4. ¿A qué se hace referencia cuando se habla de programas de modificación de conducta? Establezca una definición y ponga ejemplos.

Héctor es un alumno sordo que ha llegado nuevo a su aula.

Describa las distintas estrategias metodológicas que debe llevar a cabo para atender correctamente al alumno.

SOLUCIÓN

- Optimizar las condiciones acústicas y de iluminación.
- Información visual.
- Anticipar las actividades.
- Experiencia directa y refuerzo positivo.
- Hablarle cerca favoreciendo la lectura labiofacial.
- Utilizar frases sencillas y completas.
- Promover la participación del alumnado y colocarlo cerca de uno oyente que muestre empatía.

4. Adaptaciones curriculares individuales: materiales curriculares y metodología

En el sistema educativo se pueden establecer distintos niveles de concreción curricular. Estos serían los siguientes:

- Currículo general establecido en las leyes orgánicas y reales decretos para todo el estado español. Más específicamente la Ley Orgánica 3/2020, de 29 de diciembre, por la que se modifica la Ley Orgánica 2/2006, de 3 de mayo, de Educación y el Real Decreto 157/2022, de 1 de marzo, por el que se establecen la ordenación y las enseñanzas mínimas de la Educación Primaria.
- Decretos de enseñanza de las distintas comunidades autónomas. Se concreta el nivel anterior para las características que se pueden encontrar en cada comunidad.
- Proyecto educativo del centro. Aquí se concreta el currículo a las características del alumnado de un centro.

- Programación del aula. En función de las necesidades del alumnado de un aula se concretan los aspectos a desarrollar.
- Adaptación curricular individual (ACI). Se trata del nivel máximo de concreción del currículo a un alumno o alumna en concreto.

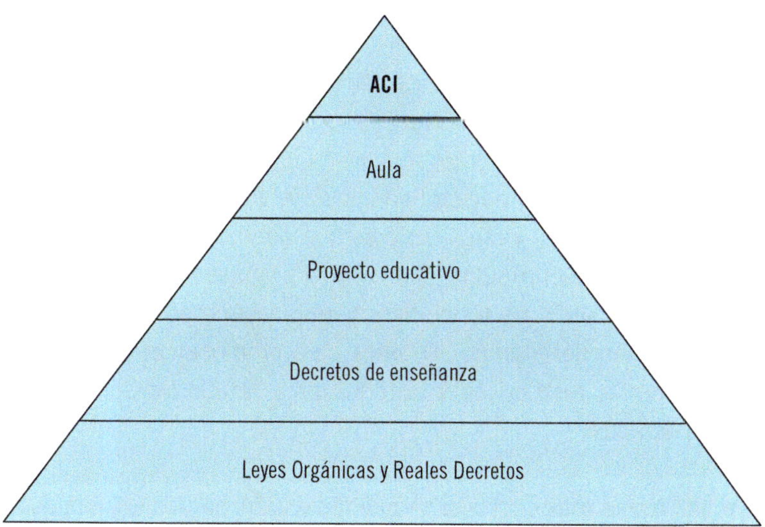

Se entiende por adaptación curricular individual los ajustes o modificaciones que se realizan sobre los elementos de acceso o sobre los elementos propiamente curriculares del currículo de un alumno. Constituye el nivel máximo de concreción del currículo. Tiene como función básica concretar la respuesta educativa que se le dará al alumno, indicando el proceso educativo a seguir y tratando de responder, en la medida de lo posible, a las necesidades educativas especiales.

El objetivo fundamental ha de ser lograr la mayor participación posible del alumnado en el currículo ordinario.

Ruiz i Bel (1998) señala como funciones de la adaptación curricular individual:

- El establecimiento de un nexo lógico entre los resultados del proceso de valoración de las necesidades y la toma de decisiones.

- Repasar las actuaciones ordinarias y específicas que se dirigirán al alumno, de forma coordinada y complementaria.
- La promoción del alumnado hacia entornos cada vez menos restrictivos y más normalizados.
- Retirar en la medida de lo posible los recursos educativos específicos.
- Describir, concretar y justificar la respuesta educativa dirigida al alumno.

Este mismo autor señala que los componentes de una adaptación curricular individual deben ser los siguientes:

- La valoración multidisciplinar. Incluye los niveles actuales de competencia curricular y otros factores que puedan influir en el aprendizaje.
- La propuesta curricular. Abarcaría la propuesta anual por áreas curriculares y los servicios específicos y emplazamientos.
- Promoción del alumno. Criterios para promocionar hacia emplazamientos menos restrictivos y criterios para retirar los servicios educativos específicos.

De una forma más concreta se pueden establecer los siguientes apartados:

- Datos personales.
- Historial del alumnado: estudios de equipos externos, datos médicos, observaciones del tutor y otro profesorado, situación familiar.
- Datos académicos: evaluación previa, aspectos relevantes que condicionan su rendimiento, servicios fuera del centro.
- Tipo de adaptación curricular.
- Personas implicadas en el desarrollo y realización de la ACI.
- Evaluación de la competencia curricular: criterios de evaluación inicial, estilo de aprendizaje.
- Modalidad de apoyo: lugar y tiempo.
- Diseño curricular de ACI: objetivos, contenidos, metodología, criterios de evaluación.
- Horario del alumno/a.
- Recursos humanos y materiales necesarios.
- Necesidades educativas especiales: referidas a las capacidades básicas, referidas a las áreas curriculares, referidas al entorno.
- Criterios de promoción.

De forma general, el proceso a seguir para elaborar una adaptación curricular individual será el siguiente:

- El tutor identifica al alumnado con dificultades.
- Se analizan los factores que pueden estar generándolas.
- El profesor realizará las modificaciones oportunas.
- Tras un periodo de intervención se evalúan el proceso y los resultados. Si esta es positiva, no es preciso elaborar la adaptación.
- Si fuese negativa, se realiza una nueva valoración.
- Si después de estas dos revisiones no se obtienen resultados positivos, se evalúa psicopedagógicamente.
- Por último será el especialista de Educación Especial el encargado de su realización.

Actividades

5. Busque en internet ejemplos de adaptaciones curriculares individuales y coméntelas.
6. Elabore una definición propia de adaptación curricular, justificando esa definición.

En el diseño de estas adaptaciones habrá que tener en cuenta qué objetivos y contenidos son prioritarios, en función de las necesidades educativas especiales que presente cada alumnado, así como seleccionar la metodología más adecuada y los materiales necesarios.

Recuerde

En el apartado anterior se ha hecho mención a las distintas metodologías que se pueden emplear en función del tipo de discapacidad.

Continúa en página siguiente >>

<< Viene de página anterior

Será necesario evaluar al alumnado para poder determinar la metodología más adecuada.

De igual manera los materiales curriculares también irán en función de las necesidades del alumnado tal y como se ha descrito en el apartado anterior.

Aplicación práctica

Belén es una alumna de 15 años con discapacidad intelectual moderada.

Un extracto de su adaptación curricular individual sería el siguiente:

Objetivo	**Contenidos**	**Actividades**
Conocer los diferentes órganos y aparatos del cuerpo humano.	El cuerpo humano: órganos y aparatos.	- Realización de láminas para identificar las diferentes partes de los órganos y aparatos trabajados. - Actividades en el ordenador. - Realización de fichas sobre los contenidos a tratar. - Lecturas sobre los distintos contenidos.
Materiales y recursos	**Metodología**	
- Ordenador - Material gráfico - El aula	- Individualización y generalización de los aprendizajes. - Se partirá del nivel de desarrollo de la alumna.	

Describa una sesión de trabajo teniendo en cuenta esta información y cómo evaluaría a la alumna.

SOLUCIÓN (Posible solución)

En primer lugar se visualizará un vídeo sobre el cuerpo humano en el ordenador. A Belén le gusta mucho el ordenador por lo que resulta muy motivador para ella.

Continúa en página siguiente >>

<< Viene de página anterior

A continuación se realizará una ficha en la que la alumna debe identificar distintos aparatos del cuerpo humano.

Posteriormente Belén realizará una comprensión lectora adaptada a su nivel sobre los contenidos a tratar.

Para evaluarla se tendrá en cuenta cómo realiza las actividades mencionadas, a través de un proceso de observación y registro de los resultados.

También se le realizarán preguntas en las distintas actividades.

---

5. Resumen

El proceso de enseñanza-aprendizaje es un acto complejo y diferente para cada tipo de alumnado.

A lo largo de este capítulo se ha intentado hacer un repaso por los aspectos más importantes del mismo con respecto al alumnado con necesidades educativas especiales.

En función de las características de cada grupo se utilizarán metodologías y materiales diversos para poder alcanzar un proceso educativo de calidad.

Es necesario partir de una adecuada evaluación del alumnado para conocer sus características en profundidad.

Cuando el caso lo requiera, se le podrán realizar adaptaciones curriculares individuales en aquellas áreas que lo requieran.

Estas son el último nivel de concreción curricular respondiendo de esta manera al principio de atención a la diversidad.

Ejercicios de repaso y autoevaluación

1. **De las siguientes frases, indique cuál es verdadera o falsa.**

   a. El informe Warnock fue elaborado en 1980.

   - ☐ Verdadero
   - ☐ Falso

   b. La primera vez que en España se introdujo el concepto de necesidades educativas especiales en la legislación fue con la Ley Orgánica 1/1990, de 3 de octubre, de Ordenación General del Sistema Educativo (LOGSE).

   - ☐ Verdadero
   - ☐ Falso

   c. El aprendizaje es un proceso por el cual se adquieren conocimientos y destrezas, y que necesita de la enseñanza para poder desarrollarse con éxito.

   - ☐ Verdadero
   - ☐ Falso

   d. La enseñanza es el proceso por el que se instruye para lograr alcanzar el conocimiento.

   - ☐ Verdadero
   - ☐ Falso

2. **Complete la siguiente oración.**

La discapacidad intelectual definida por Schalock (2007) "se caracteriza por ________________ significativas en el funcionamiento ________________ y en la ______________ ________________, expresada en las habilidades adaptativas ________________, ________________ y ________________".

3. Enumere las características del proceso de enseñanza-aprendizaje del alumnado con diversidad funcional por limitaciones en el funcionamiento cognitivo.

4. Complete la siguiente tabla.

Material para la estimulación sensorial	Material para la psicomotricidad	Material para la estimulación cognitiva y sensorial

5. ¿Qué aspectos hay que tener en cuenta para la realización de actividades con el alumnado con diversidad funcional por limitaciones en el funcionamiento cognitivo?

6. Enumere los cuatro modelos metodológicos fundamentales para trabajar con el alumnado con diversidad funcional por limitaciones en el funcionamiento cognitivo.

7. **¿Qué estrategias metodológicas se deben tener en cuenta con el alumnado con diversidad funcional por limitaciones en la visión?**

____
____
____
____
____
____
____

8. **Complete la pirámide con los niveles de concreción curricular.**

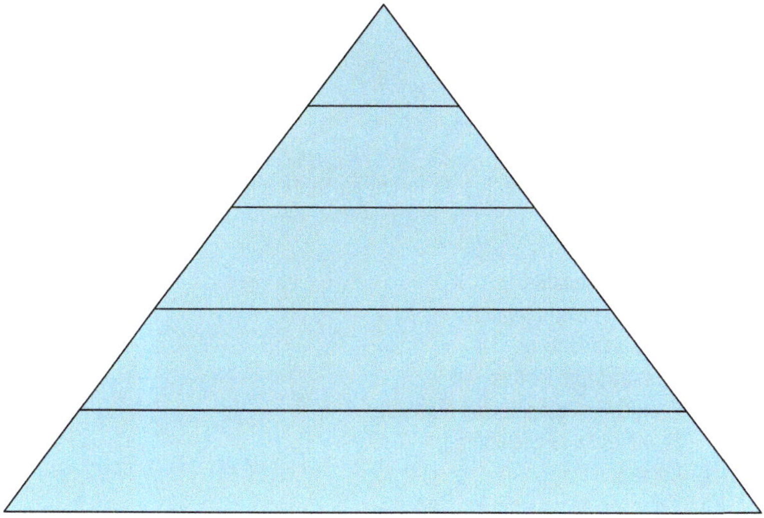

9. **Complete la siguiente definición.**

Se entiende por adaptación curricular individual los ajustes o _______________ que se realizan sobre los elementos de ___________ o sobre los elementos propiamente ___________ del currículo de un alumno. Constituye el nivel _____________ de ____________ del currículo.

10. De las siguientes frases indique cuál es verdadera o falsa.

a. La adaptación curricular individual tiene como función básica establecer un nexo lógico de unión entre los resultados del proceso de valoración de las necesidades y la toma de decisiones.

- ☐ Verdadero
- ☐ Falso

b. Busca que el alumnado acceda a entornos cada vez menos restrictivos.

- ☐ Verdadero
- ☐ Falso

c. No busca retirar los recursos más específicos de forma gradual.

- ☐ Verdadero
- ☐ Falso

11. Indique cuál de estos aspectos no forma parte de una adaptación curricular individualizada.

a. Datos personales.
b. Historial del alumnado.
c. Datos académicos.
d. Personas implicadas.
e. Evaluación competencia curricular.
f. Servicios de la comunidad.
g. Horario.
h. Recursos personales y materiales.

12. Describa el proceso a seguir para llevar a cabo una adaptación curricular individual:

____
____
____
____
____
____
____

13. ¿Qué programas se pueden utilizar con el alumnado con trastornos graves de conducta?

14. Indique qué grupo de alumnado no está dentro del concepto de necesidades educativas especiales.

a. Diversidad funcional por limitaciones en la visión.
b. Dificultades de aprendizaje.
c. Diversidad funcional por limitaciones en el funcionamiento cognitivo.
d. Diversidad funcional por limitaciones en la movilidad.

15. Defina los siguientes conceptos.

Aprendizaje sin error:

Modelado:

Moldeamiento:

Capítulo 3

Coordinación entre profesionales en el centro educativo del ACNEE

Contenido

1. Introducción

La Ley Orgánica 3/2020, de 29 de diciembre, por la que se modifica la Ley Orgánica 2/2006, de 3 de mayo, de Educación, para la mejora de la calidad educativa establece en su preámbulo que se deberá favorecer la colaboración y el trabajo en equipo.

Se hace referencia de esta manera a la importancia de la coordinación entre todos los agentes educativos que participan en el proceso de enseñanza-aprendizaje, como estrategia para alcanzar una educación de calidad.

Las administraciones educativas deberán promoverla a través de distintos mecanismos.

Esta coordinación debe extenderse a todos los niveles educativos y con todo el alumnado, tenga o no necesidades educativas especiales.

A lo largo de este capítulo se mostrará cómo se puede llevar a cabo esta coordinación y cómo va a estar patente en todas las decisiones que se tomen con el alumnado durante su escolarización.

También se profundizará en el concepto de adaptación curricular y en la elaboración del Plan de Atención a la diversidad como medidas para responder a las necesidades del alumnado.

2. Coordinación como metodología de trabajo

La Real Academia Española (RAE) define la palabra coordinación como:

> *Relación gramatical que existe entre palabras o grupos sintácticos del mismo nivel jerárquico, de forma que ninguno de ellos esté subordinado al otro.*

La clave de la coordinación es trabajar juntos, con el mismo nivel de responsabilidad, de manera que nadie es superior a nadie.

El trabajo en equipo es algo relativamente reciente en el marco educativo. La individualización ha primado la forma de trabajar durante mucho tiempo.

En la actualidad se intenta cambiar esta tendencia hacia otra que toma la coordinación como metodología de trabajo, tal y como se verá a continuación.

2.1. Procedimientos de coordinación

Es conocido que la coordinación es positiva pero esto no significa que sea fácil llevarla a cabo con éxito.

Algunos de los problemas que pueden surgir son los siguientes:

- Disponibilidad para llevarla a cabo.
- Falta de concienciación por parte del profesorado de la necesidad de la misma.
- Conflictos de intereses cuando se ejecuta.

Por otro lado, cuando se persigue que exista esta coordinación son deseables los siguientes aspectos:

- Flexibilidad
- Sostenibilidad
- Dinamismo, agilidad y transparencia

Para llevarla a cabo se puede establecer un procedimiento de coordinación.

Se trata de un documento en el que van a quedar reflejadas las actuaciones que se van a llevar a cabo en el ámbito de la coordinación.

En este documento deben tenerse en cuenta a todos los profesionales que van a trabajar con el alumnado, así como la familia.

Nota

Se deberán establecer estrategias de coordinación con todos los miembros de la comunidad educativa, incluida la familia.

La coordinación tiene tres enfoques principales:

- **Preventivo.** La coordinación va a servir para prevenir posibles conflictos que puedan aparecer. Si se detecta alguna circunstancia que precise de un trabajo en equipo habrá de ponerse manos a la obra.
- **Regulador.** Con este enfoque se atenderán las necesidades que se produzcan en el momento.
- **Generador.** Se trata de dar lugar a situaciones de coordinación que mejoren la calidad educativa del centro.

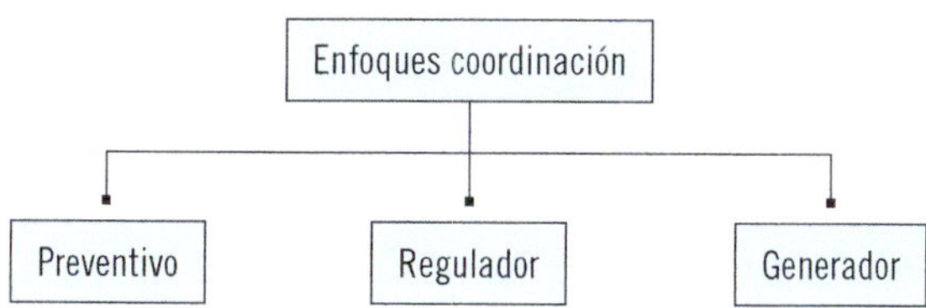

Además existen los siguientes elementos que facilitan el éxito de la coordinación educativa:

- Incluir en todos los documentos del centro aspectos relacionados con la coordinación.
- Elaborar un programa de coordinación sistemática, de manera que no se deje nada al azar y la improvisación.
- Debe haber consenso en los criterios y procedimientos de coordinación para que se desarrolle con éxito.
- La disponibilidad es otro factor importante a tener en cuenta, debiendo dejar un tiempo para la coordinación.

- Se debe desarrollar con una continuidad mínima para que se puedan visualizar los resultados.

Nota

Se puede construir una actividad educativa mucho más positiva y enriquecedora si se trabaja de forma coordinada con los compañeros y las compañeras.

2.2. Reuniones de trabajo

Para establecer la coordinación lo más común es llevar a cabo distintas reuniones de trabajo a distintos niveles.

Una reunión la forman un grupo de personas con un perfil profesional similar, en este caso educativo.

En estas reuniones el objetivo principal es el intercambio de información.

Para que se desarrollen de forma correcta se deberán tener en cuenta los siguientes aspectos:

- Es necesario planificar el encuentro. Se persigue la consecución de algún objetivo con las reuniones, ya que no se establecen reuniones para pasar el tiempo, por lo que es necesario planificar los temas a tratar, al igual que es necesario programar en todo el ámbito educativo.
- La puntualidad también es un factor importante para que se desarrolle de forma adecuada.
- Se deberá evitar tratar temas que no se tenía pensado abordar, ya que se acabará dejando de tratar los que tenían preferencia.
- Un clima distendido siempre es un acierto, ya que las tensiones nunca favorecen la propuesta de ideas.

- Se promoverá la participación de todos los asistentes, ya que esa es la base de la coordinación.
- No se debe olvidar que se forma parte de un equipo y que todos y todas tienen los mismos objetivos.
- A lo largo de la reunión se tomarán notas de los acuerdos obtenidos para llevar un registro de los mismos.

Ejemplo de reunión de trabajo

Existen distintos tipos de reuniones:

- **Informativas.** El objetivo es transmitir algún tipo de información al profesorado. Se comunica esta información y se resuelven las dudas que puedan surgir.
- **Consultivo-deliberativas.** El objetivo es analizar propuestas que plantee el centro. Se hace la propuesta y se establecen los aspectos a favor y en contra.
- **Formativas.** El objetivo es crear opiniones y transmitir ideas con la finalidad de formar al profesorado en un determinado aspecto.
- **Decisorias.** En estas reuniones se pretende tomar una decisión sobre algún aspecto de forma consensuada.

También se puede establecer otra clasificación en función del número de participantes de la reunión:

- **Reuniones de pequeño grupo (de 3 a 7 miembros).** Son las más eficaces, ya que es más fácil consensuar posturas.
- **Reuniones de grupo mediano (de 8 a 20 miembros).** Pueden ser útiles para informar o consultar algún aspecto.
- **Gran grupo (de 20 a 40 miembros).** En estas reuniones se transmite información de forma general a un grupo grande de profesionales. También son necesarias cuando se necesita tomar una decisión que afecta a todo el centro.
- **Asamblea (más de 40 participantes).** Solo pueden tener un objetivo informativo, ya que la toma de decisiones puede ser muy complicada.

Se pueden establecer distintas fases en una reunión:

- **El análisis y estudio de su necesidad.** No se deben hacer reuniones sin estar seguros y seguras de que es importante llevarlas a cabo. Para ello, se deben plantear los objetivos que se quieren alcanzar y planificarlas adecuadamente.
- **La fase de preparación.** En las reuniones siempre es necesario tener uno o varios responsables que se encarguen de prepararla. Son importantes las condiciones materiales, establecer el día y hora, tener en cuenta las posibles dificultades que se puedan encontrar y tener claro el objetivo.
- **El inicio de la reunión.** Cómo se inicia la reunión también es un aspecto importante, cómo se recibe a los asistentes, las presentaciones, etc.
- **El desarrollo de la reunión.** A lo largo de la misma se debe seguir el guión establecido para alcanzar los objetivos propuestos, así como respetar los turnos de palabra.
- **El final de la reunión.** No debe terminarse la reunión sin alcanzar los objetivos de la misma y sin repartir las responsabilidades si se ha encomendado una tarea.
- **El seguimiento.** Una vez finalizada la reunión se debe establecer un seguimiento para comprobar si se cumplen los objetivos.

Fases de una reunión
Análisis y estudio de su necesidad
Preparación
Inicio
Desarrollo de la reunión
Final de la reunión
Seguimiento

Aplicación práctica

En el centro específico de educación especial en el que usted trabaja se va a proceder a la evaluación inicial del alumnado.

Con este motivo se lleva a cabo una reunión con todos los profesionales que intervienen con Javier, un alumno de su aula con necesidades educativas especiales.

Explique qué tipo de reunión se estaría llevando a cabo y las fases de la misma.

SOLUCIÓN

El tipo de reunión que se llevaría a cabo sería decisoria, ya que se pretende tomar una decisión consensuada sobre la evaluación inicial del alumno, y de pequeño grupo (3-7 miembros), siendo los integrantes todos los implicados en su educación.

Las fases serían las siguientes:

- Análisis y estudio de su necesidad. Esta reunión es prescriptiva por lo que es preciso llevarla a cabo para partir de los conocimientos previos del alumnado.
- Preparación. Antes de llevarla a cabo será preciso preparar el orden del día y la documentación necesaria.
- Inicio. Se llevará a cabo una buena presentación del caso y un recibimiento adecuado de los asistentes.

Continúa en página siguiente >>

<< Viene de página anterior

- Desarrollo de la reunión. A lo largo de la misma se tratarán los distintos puntos del orden del día en un clima distendido y alcanzando los objetivos planteados.
- Final de la reunión. Se confirmarán los acuerdos establecidos a lo largo de la misma.
- Seguimiento. Será necesario establecer si se cree oportuno realizar un seguimiento de los acuerdos.

Recuerde

En función del objetivo las reuniones de trabajo pueden ser: informativas, consultivo-deliberativas, formativas y decisorias.

Con respecto al número de participantes: reuniones de pequeño grupo, grupo mediano, gran grupo y asamblea.

Para el desarrollo de las reuniones de trabajo se pueden utilizar distintas técnicas:

- El estudio de documentos. La reunión se centra en el estudio de un documento previamente aportado al grupo.
- El estudio de casos. La reunión se basa en unos datos o hechos acontecidos.
- El análisis de anteproyectos. Se analizará un proyecto previamente presentado y que se quiere aprobar.
- La discusión guiada. Es aconsejable para las reuniones consultivo-deliberativas.
- El torbellino de ideas. Consiste en la aportación de ideas sobre un tema concreto.

Actividades

1. Busque ejemplos de situaciones en las que se desarrollen reuniones de trabajo y descríbalas.
2. Elabore una lluvia de ideas sobre el siguiente ítem: preparación de la fiesta de navidad de un centro educativo.

2.3. Trabajo en equipo

El trabajo en equipo consiste en un grupo de personas que trabajan juntas.

En educación se habla de las cinco "C" del trabajo en equipo, que serían las siguientes:

- Complementariedad. La clave está en que cada miembro del equipo domina un tema necesario para el grupo.
- Coordinación. Se debe trabajar de forma coordinada para que funcione.
- Comunicación. Debe existir una comunicación abierta entre todos los miembros del equipo.
- Confianza. Es fundamental para el trabajo en equipo.
- Compromiso. Todos y todas las participantes deben asegurar su trabajo en el equipo.

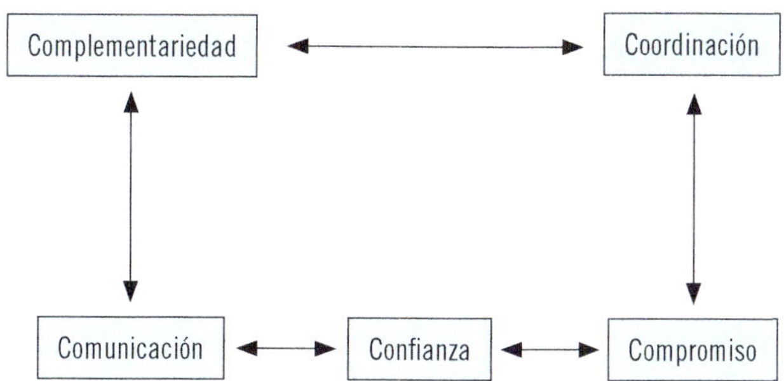

Trabajar en equipo ofrece distintas ventajas que se establecen a continuación:

- Ofrece la oportunidad de aprender más, ya que se aprende de los otros.
- Favorece que todos y todas las implicadas se sientan parte de la organización.
- Agiliza el trabajo.
- Aumenta la creatividad.

Se debe tener en cuenta que trabajar en equipo es un medio, no un fin, y que deberán conformarse los equipos en función de las fortalezas de los integrantes del mismo, de las aportaciones positivas que puedan ofrecer al conjunto.

No se trata de sumar trabajos individuales, sino de trabajar de forma conjunta para alcanzar un mismo fin, teniendo en cuenta valores como el compañerismo, la tolerancia, la aceptación, la comunicación, lealtad y responsabilidad.

Recuerde

Trabajar en equipo enriquece y hace que el trabajo sea más productivo si se realiza correctamente.

2.4. Temporalización dentro del centro educativo

Como se ha dicho al principio de este apartado, se debe establecer un procedimiento en el que queden fijados los momentos para la coordinación.

En todo caso, esta se debe establecer a lo largo de todo el curso, en distintos momentos.

La temporalización puede ser la siguiente:

- Semanal. Se establecen reuniones semanales para trabajar los distintos aspectos.
- Mensual. Cada mes se programan reuniones para trabajar.
- Trimestral. En ocasiones no es necesario reunirse de forma muy frecuente.
- Semestral. Este tipo de coordinación se utiliza cuando no es necesario hacer mucho seguimiento.
- Anual. Es una posibilidad pero no es lo más frecuente.

Para establecer la temporalización se puede elaborar un horario de reuniones que formará parte del procedimiento de coordinación. Un ejemplo del mismo podría ser el siguiente:

Fecha	Participantes	Motivo de la reunión

Nota

Esta temporalización es conveniente que se establezca a principio de curso y que se cumpla rigurosamente.

En todo caso se podrán realizar las modificaciones que se consideren oportunas cuando sea necesario.

Se puede marcar una serie de aspectos que van a determinar el éxito de esta temporalización:

- Tener en cuenta el tiempo real del que dispone el profesorado.
- Establecer las reuniones que sean realmente necesarias.
- No distanciar excesivamente en el tiempo las reuniones.

Teniendo en cuenta estos aspectos se podrá desarrollar una buena coordinación a lo largo del curso, que servirá para aumentar la calidad educativa.

Actividades

3. ¿Ha trabajado alguna vez en equipo? Explique su experiencia y reflexione sobre las ventajas e inconvenientes.
4. ¿Cuál cree que es la temporalización más adecuada? Justifique su respuesta.

Aplicación práctica

Usted es maestro o maestra de un centro educativo. Tras la realización de un curso de pizarra digital usted es el encargado de transmitir a sus compañeros y compañeras del nivel los aprendizajes adquiridos.

Describa el tipo de reunión que mantendrían, a qué grupo iría dirigido y la temporalización de la misma.

SOLUCIÓN

Se trataría de una reunión informativa, en la que el objetivo es informar al resto de compañeros de los aprendizajes adquiridos.

Al ser para los compañeros y compañeras del nivel sería una reunión de pequeño grupo (3 a 7 miembros).

Continúa en página siguiente >>

<< Viene de página anterior

En función de la duración del curso la temporalización podría ir desde una sesión hasta tres, dependiendo de cómo se vaya desarrollando.

Las reuniones podrían ser semanales en función también de la disponibilidad de los compañeros y compañeras.

---

3. Canales de intercambio de información entre profesionales

Hasta este momento se han descrito de forma general distintos aspectos de la coordinación.

Dentro de un centro educativo trabajan distintos profesionales y los canales para el intercambio de información son muy diversos.

La clave reside en que estos canales fluyan y resulte una tarea enriquecedora informar y recibir información de los compañeros y las compañeras.

Algunos de estos canales son:

- La comunicación directa y personal
- Boletines
- Revistas
- Correo electrónico
- Correo postal
- Teléfono
- Tablón de anuncios
- Reuniones
- Internet
- Espacios de participación

Ejemplo de tablón de anuncios

La Ley Orgánica 3/2020, de 29 de diciembre, por la que se modifica la Ley Orgánica 2/2006, de 3 de mayo, de Educación, para la mejora de la calidad educativa establece que:

> *Corresponde a las Administraciones educativas facilitar el intercambio de información y la difusión de buenas prácticas educativas o de gestión de los centros docentes, a fin de contribuir a la mejora de la calidad de la educación.*

Recuerde

El trabajo en equipo es fundamental si se quiere desarrollar adecuadamente la labor educativa, ya que siempre es positivo tener el mayor número de información posible.

Esta coordinación deberá estar presente con todo el alumnado en general, incluido el alumnado con necesidades educativas especiales.

En función de si el centro al que se hace referencia es específico de educación especial u ordinario, pueden intervenir más o menos especialistas, pero la coordinación estará presente de la misma manera.

A continuación se describen algunas de las situaciones en las que está presente esta coordinación.

3.1. Reuniones de equipo

Se pueden establecer dos líneas básicas de coordinación:

- **Coordinación horizontal.** Hace referencia a profesionales que trabajan en el mismo nivel educativo, como pueden ser los tutores y tutoras.
- **Coordinación vertical.** En este caso los profesionales pertenecen a niveles diferentes, como las reuniones interdisciplinares.

En este apartado se concretará a qué se hace referencia con las reuniones de equipo.

Los equipos que se forman en un centro educativo pueden cambiar de nombre en función de la comunidad autónoma a la que se haga referencia, pero los miembros van a ser los mismos.

Se pueden hacer las siguientes distinciones: equipos docentes y equipos de ciclo.

Equipos docentes

Estos equipos están integrados por todos los profesionales que intervienen con un mismo grupo de alumnado. Persiguen la coordinación horizontal del proceso de enseñanza-aprendizaje.

Como funciones básicas a tratar en las reuniones que se establezcan se pueden citar las siguientes:

- Realizar el seguimiento del alumnado y atender las dificultades que se puedan presentar, incluido el alumnado con necesidades educativas especiales.
- Conocer al alumnado y favorecer la convivencia.
- Coordinarse con el resto del profesorado.
- Adoptar las decisiones de promoción del alumnado.
- Colaborar con el resto de equipos del centro.
- Cualquier otra que le pueda ser atribuida.

La periodicidad de las reuniones de este tipo de equipos suele ser semanal, en función de las necesidades que se planteen.

Equipos de ciclo

Estos equipos están constituidos por todos los profesionales que conforman un ciclo educativo.

La enseñanza obligatoria consta de tres ciclos en educación primaria y dos en educación secundaria obligatoria.

En las reuniones que se establezcan se trabajarán los siguientes aspectos:

- Formular propuestas sobre los documentos del centro.
- Actualizar la metodología didáctica.
- Preparar las actividades extraescolares y complementarias.

La periodicidad de las reuniones también suele ser como las de los equipos docentes.

No es necesario hacer distinciones en función del tipo de centro, ya que se llevarán a cabo de la misma manera.

3.2. Reuniones de etapa

Existen tres etapas educativas en el sistema educativo en la enseñanza:

- Etapa de educación infantil (no obligatoria).
- Etapa de educación primaria (obligatoria).
- Etapa de educación secundaria obligatoria.

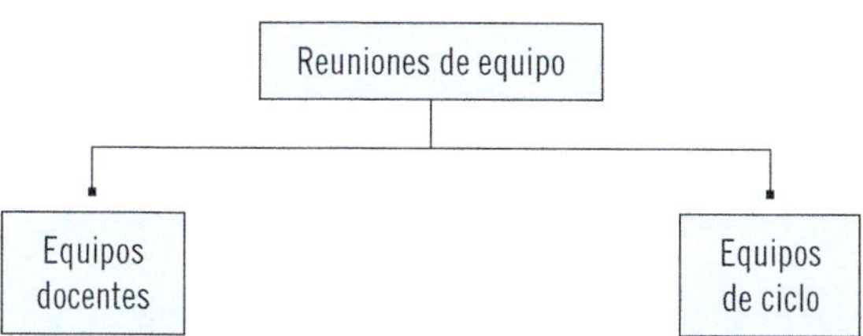

Cada una de ellas se divide en ciclos tal y como se ha citado en el apartado anterior.

En el caso de los centros específicos de educación especial y de las aulas específicas dentro de los centros ordinarios se pueden distinguir dos etapas educativas:

- Educación básica especial.
- Etapa de transición a la vida adulta y laboral.

Los profesionales implicados en la etapa educativa también podrán establecer reuniones periódicas para tratar los distintos aspectos del proceso de enseñanza-aprendizaje.

En el caso del alumnado con necesidades educativas especiales, también se podrán formar equipos con el profesorado especializado, como pueden ser los equipos de orientación del centro o los equipos de orientación de zona.

En este caso las reuniones irán encaminadas a solucionar aquellas posibles dificultades que se encuentren con respecto al alumnado con necesidades educativas especiales.

Actividades

5. ¿Qué piensa de las reuniones? ¿Cree que son útiles? Justifique su respuesta.
6. Establezca las diferencias entre la coordinación vertical y horizontal, poniendo ejemplos de cada una de ellas.

Recuerde

Las etapas de la educación obligatoria en el sistema educativo son:

- Educación primaria
- Educación secundaria obligatoria

3.3. Documento de comunicación interna: registros

La Teoría de la Comunicación en las Organizaciones diferencia entre la comunicación externa y la interna, estableciendo que la externa es toda aquella que dirige la información hacia el exterior y la interna la que informa a los miembros dentro de una organización.

En este caso se hace referencia a la comunicación interna dentro de la organización escolar.

Esta comunicación debe asegurarse a todos los niveles y favorecer la participación de todos los miembros.

Que exista una buena comunicación interna tiene una serie de ventajas:

- Aumenta el sentimiento de pertenencia al grupo.
- Aumenta la participación y la motivación.
- Las decisiones se tomarán con mayor información.
- Aumentará la cohesión del grupo.
- Aumenta la formación de todos los miembros de la organización.

Si no existe esta comunicación puede que se presenten los siguientes inconvenientes:

- Aparece la desmotivación.
- Pueden surgir conflictos.
- Aumenta la incoherencia de las prácticas educativas.
- Aumentan las críticas dentro de la organización.

Recuerde

Existen dos tipos de comunicación:

- Comunicación externa
- Comunicación interna

Tipos de comunicación interna

Se pueden establecer distintos tipos de comunicación interna; estos se describen a continuación.

Comunicación formal

Hace referencia a aquella comunicación planificada y estructurada. Existen distintos tipos.

Comunicación descendente

La información que se transmite va desde la dirección de la organización al resto de miembros de la misma.

Si se realiza correctamente no tienen por qué surgir dificultades pero desde un clima de respeto y confianza.

Comunicación ascendente

Sería la dirección contraria, desde los miembros de la organización a la dirección.

Este tipo de comunicación favorece el conocimiento de todas las personas, se aporta un mayor número de ideas, etc.

Comunicación horizontal

La información fluye entre todos los miembros que están en el mismo nivel de la organización.

Favorece el trabajo en equipo.

Comunicación transversal

Esta comunicación se da entre miembros con distintos roles, de manera que resulta muy enriquecedora.

Comunicación informal

Esta comunicación es aquella que no se planifica. Puede resultar muy útil y también es necesaria.

Pero se debe tener precaución y no abusar de este tipo de comunicación, utilizándola solo cuando sea necesaria.

Registros

Para establecer esta comunicación interna se pueden utilizar distintos documentos, como son los registros.

En estos documentos, como su nombre indica, quedan registrados los acuerdos o decisiones que se tomen en las distintas reuniones que se hayan celebrado.

Se trata de actas que se realizan en las distintas reuniones que se celebran con los miembros de la comunidad educativa.

Son de gran utilidad, ya que se puede rescatar información que se necesite en algún momento y se puede apreciar la evolución de los procesos educativos.

Suele haber un encargado de elaborar estas actas en cada tipo de reunión.

Nota

Es importante dejar registrado lo que ocurre en una reunión para tener constancia de la misma cuando sea necesario.

A continuación, aparece un ejemplo de un acta de reunión de un grupo de trabajo:

ACTA DE REUNIÓN DE : GRUPO DE TRABAJO PDI
FECHA: 31 OCTUBRE 2024
ASISTENTES: Profesorado de los niveles **A** y **B**. Miembros del grupo de trabajo.
ORDEN DEL DÍA Explicación a los niveles **A** y **B** de las posibilidades de la pizarra digital.
ACUERDOS: Comienza la reunión con la explicación de Antonio de dónde se encuentran los programas para la pizarra digital. A continuación se muestran algunos de ellos para que el profesorado observe las posibilidades de los mismos. Se responden a distintas cuestiones: - Cómo encender y apagar la **PDI.** - Cómo bajar la pizarra para adaptarla a la altura del alumnado. - Se propone crear una carpeta donde todo el profesorado pueda subir programas que encuentre para la pizarra. Esto se puede llevar a cabo a través del corcho. Tras la muestra de programas variados en función de las distintas capacidades del alumnado finaliza la reunión.

Este tipo de documentos van a servirles a los profesionales para establecer una buena coordinación.

En el apartado siguiente se hará mención a la coordinación con otro miembro de la comunidad educativa, la familia.

Aplicación práctica

Usted pertenece al grupo de trabajo de festejos de un centro público de educación infantil y primaria.

Tras la primera reunión es usted el responsable de realizar el acta de la misma en la que se ha seguido el siguiente orden del día:

- **Elaboración del Plan de Actuación.**

Elabore el acta correspondiente.

SOLUCIÓN (Posible solución)

ACTA DE REUNIÓN DE: GRUPO DE TRABAJO FESTEJOS
FECHA: 7 NOVIEMBRE 2024
ASISTENTES: MIEMBROS DEL GRUPO DE TRABAJO
ORDEN DEL DÍA: Elaboración del Plan de Actuación
ACUERDOS: En el desarrollo de la reunión se acuerda que los objetivos del Plan de Actuación serán los siguientes: - Organizar las distintas fiestas y celebraciones que se quieren celebrar en el centro. - Disponer un horario de actuación. - Reunirse semanalmente para llevar a cabo las actuaciones.

4. Canales de intercambio de comunicación con la familia

La familia es un elemento fundamental para alcanzar la calidad educativa.

En el caso del alumnado con necesidades educativas especiales la familia ha jugado un papel fundamental a lo largo de la historia.

Muchos centros específicos surgieron por sus iniciativas y promovieron las primeras experiencias de innovación que por medio de la integración escolar iniciaron la lucha por conseguir las mayores cotas posibles de normalización para las personas con discapacidad.

La Ley Orgánica 3/2020, de 29 de diciembre, por la que se modifica la Ley Orgánica 2/2006, de 3 de mayo, de Educación, para la mejora de la calidad educativa, la incluye como un miembro de la comunidad educativa y establece que:

La familia son las primeras responsables de la educación de sus hijos y por ello el sistema educativo tiene que contar con la familia y confiar en sus decisiones.

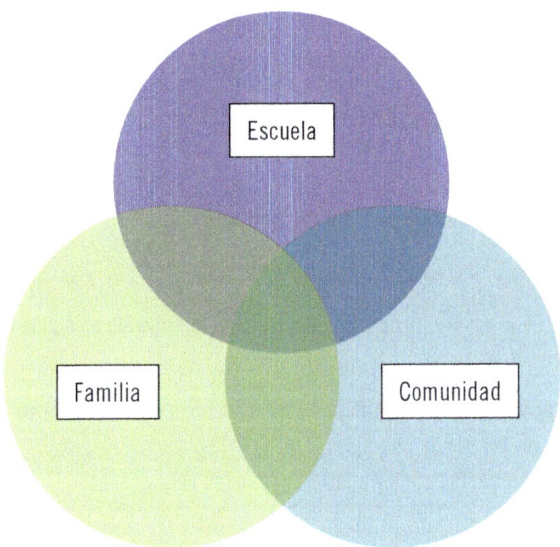

4.1. Factores que favorecen la comunicación

Es bien conocido que el proceso educativo se ve favorecido por la articulación y permeabilidad entre los diferentes contextos en los que se produce el desarrollo y aprendizaje de los niños (Bronfenbrenner, 1985). La relación entre contexto familiar y escolar es clara. La escuela es el contexto institucional al que el niño accede después de una permanencia más o menos larga en el familiar, siendo ambos necesarios para que se cumplimenten los procesos de socialización, aprendizaje y educación (Rodríguez de la Mota, 1991).

La participación de la familia debe entenderse como un acto compartido que debe ser promovido por el propio profesorado y la escuela.

Esta colaboración se hace patente en las diferentes etapas educativas, en la escolarización del alumnado con necesidad específica de apoyo educativo y del alumnado en general, así como en la participación en los órganos del centro.

Con el fin de lograr la colaboración, los profesores y profesoras deben desarrollar un conjunto de actitudes y habilidades específicas (Rodríguez de la Mota, 1991):

- Respeto, sinceridad, honradez y realismo en cuanto a las posibilidades de los niños y de los padres.
- Empatía y entusiasmo.
- Habilidad para escuchar.
- Enfatizar los rasgos positivos de las familias y de los sujetos con NEE.
- Admitir que no se sabe todo.
- Hacer las colaboraciones lo más agradable posible.
- Asegurar la confidencialidad.
- Saber dar apoyo, ayudar a tomar decisiones y resolver problemas, etc.

La colaboración entre padres y profesores debe tener lugar, y concretarse en una serie de aspectos globales o campos de colaboración que permitan potenciar la educación del alumno-hijo sobre el que se esté actuando. Para Illingworth (1996) pueden ser:

- Autonomía personal y evitar la sobreprotección.
- Cómo inculcar la responsabilidad y estimularlos en su justa medida.
- El papel de la ternura y del sentimiento de seguridad.
- Cómo proporcionar al niño la experiencia práctica de la vida.
- Problemas de sueño, de alimentación.
- Cómo acostumbrar al niño a que sea limpio con sus necesidades naturales.
- Impedir que se aburra.
- Qué importancia tiene no manifestar preferencia por ningún hijo.

Padilla Pérez (1992) ha recogido nueve estrategias o actividades para establecer relaciones de colaboración:

- **Escuela de padres.** Tarea permanente de educación de los padres.
- **Asambleas de clase.** Reuniones para intercambiar información.
- **Actividades extraescolares.** Son las actividades que programa el centro para realizar fuera de él.
- **Talleres.** Actividades opcionales que prepara el centro. Los padres pueden participar de monitores.
- **Participación en el aula.** Los padres pueden ser útiles para comunicar su experiencia.
- **Acción tutorial.** Pretende recabar información sobre el alumno.
- **Evaluación.** Los profesores pueden pedir a los padres informes de rendimiento, o estos pueden participar en el diseño de la evaluación y en las juntas de evaluación.
- **La asociación de padres y madres de alumnos/as.** Es el órgano más potente que tienen los padres para la participación.
- En algunos casos es conveniente que los padres se introduzcan temporalmente en el aula para no producir un cambio muy brusco entre contextos.

Ejemplo de la participación de la familia en la escuela

Aplicación práctica

Usted es el tutor o la tutora de un aula de segundo de educación primaria en la que se encuentran escolarizados dos alumnos con necesidades educativas especiales.

Con motivo del desarrollo de la unidad didáctica sobre las profesiones considera oportuna la colaboración de las familias para que expongan a qué se dedican.

Justifique la realización de esta actividad dentro de la importancia de la coordinación con la familia y describa cómo la llevaría a cabo, concretando tiempos y espacios.

SOLUCIÓN

La participación de la familia es un principio fundamental sobre el que se basa el sistema educativo.

De esta manera se deben buscar cauces de participación que hagan que la familia se sienta miembro de la comunidad educativa y como consecuencia un pilar clave para la consecución del éxito educativo.

Esta participación es fundamental tanto en el caso del alumnado con necesidades educativas especiales como del resto del alumnado.

Una de las formas de conseguirla es haciendo partícipe a la familia del desarrollo de la actividad del aula.

Para ello, en esta ocasión, se reunirá a las familias para explicarles cómo se va a llevar a cabo la actividad.

Cada día, en función de los padres y madres disponibles, vendrán al aula dos padres o madres para describir sus profesiones y que el alumnado pueda realizar las preguntas que se consideren oportunas.

Posteriormente, el alumnado elaborará murales con la información recogida.

Con respecto al alumnado con necesidades educativas especiales, participará al igual que el resto de los compañeros y compañeras, aumentando de esta manera los niveles de normalización e inclusión.

Los objetivos que se plantean en cuanto a la coordinación con la familia serían los siguientes:

- Entender el trabajo escolar como una labor de equipo.
- Favorecer las relaciones familia-escuela y la participación de estas.
- Facilitar los recursos necesarios para ello.
- Establecer cauces de información.
- Fomentar la actitud de autoformación.

Los canales de comunicación que se pueden establecer con la familia serían los siguientes:

- Con respecto a la participación en la toma de decisiones e intercambio de comunicación.
  - Centro-familia: boletines, circulares, carteles, cuestionarios, periódicos o revistas escolares.
  - Profesorado-familia: agenda escolar, boletín de notas, autorizaciones, entrevistas, conversaciones informales, etc.
  - Familia-centro: reuniones, consejo escolar, asociación de padres y madres.
- Con respecto a la participación de las familias en actividades en colaboración.
  - Asociaciones de padres y madres: actividades extraescolares, semanas culturales, actividades complementarias, talleres, biblioteca.
  - Padres y madres de forma individual: semanas culturales, actividades complementarias, cooperativas de material, talleres, biblioteca.

A continuación, se concretarán algunos de estos mecanismos.

Actividades

7. Recuerde sus años de escolarización. ¿Cómo era la participación de la familia? ¿Qué cambios observa con respecto a la situación actual? Reflexione sobre ello.
8. Enumere tres actividades que puedan realizar las familias en la escuela expresando su opinión sobre las mismas.

4.2. Reuniones semanales/quincenales/mensuales/trimestrales

Las reuniones que se establecen con las familias van a ser un punto importante a tener en cuenta.

Se trata del momento idóneo para el intercambio de información, tal y como se ha visto en apartados anteriores.

Los contenidos que se pueden tratar en estas reuniones son básicamente los siguientes: educativos, conductuales, psicológicos, psicopedagógicos, de relaciones interpersonales, de relaciones e integración social, etc. Más concretamente, por ejemplo: hábitos, juegos, relaciones, preferencias, conductas disruptivas, necesidad de incidir sobre determinadas materias escolares, aspectos del entorno familiar, etc.

Nota

La familia es el primer contexto de socialización que percibe el niño o niña. Posteriormente aparece la escuela, debiéndose establecer una coordinación continua entre los dos contextos básicos de socialización.

Estas reuniones se pueden dar con distinta periodicidad: semanales, quincenales, mensuales y trimestrales.

Semanales

De forma general no se suelen establecer reuniones con la familia todas las semanas.

Pero en ocasiones puede ocurrir que el alumnado presente algún tipo de problema o dificultad y sea necesario reunirse frecuentemente para realizar un seguimiento adecuado.

Estas reuniones se pueden dar tanto con el tutor o tutora o con el resto de profesionales implicados en la educación del alumno o alumna concreto.

Quincenales

También dependen de la problemática que se esté tratando o del proyecto común que se esté llevando a cabo. Puede ser necesario establecer contacto con la familia asiduamente.

Las reuniones se establecerán siempre y cuando sean necesarias.

Mensuales

Uno de los canales de participación de la familia es el consejo escolar, tal y como se ha citado anteriormente.

Las reuniones del mismo pueden establecerse mensualmente si es necesario, así como con el tutor si se considera oportuno.

Trimestrales

Es la periodicidad más común en cuanto a las reuniones con el tutor o tutora.

Una vez al trimestre el tutor o tutora suele citar a la familia para ver la situación del alumnado.

A principio de curso suele acontecerse una reunión con todos los padres y madres para explicar el programa educativo que se va a llevar a cabo.

En todo caso, se debe promover cierta flexibilidad en cuanto a la coordinación con la familia, ya que se debe tener presente que la disponibilidad de la misma no siempre es suficiente.

Recuerde

Las reuniones que se establezcan con la familia pueden tener distinta periodicidad en función de las necesidades que se planteen.

4.3. Cuadernos de comunicación diaria

Los cuadernos de comunicación hacen referencia a un cuaderno o libreta que va y viene de la escuela a la casa del alumno y que sirve para intercambiar información con la familia.

Es muy común que se utilice en educación especial y puede resultarnos muy útil para establecer una buena comunicación con la familia.

Algunos aspectos que se deben tener en cuenta a la hora de elaborar este tipo de cuaderno son los siguientes:

- Es importante comunicar a la familia aspectos que el alumnado hizo por primera vez o por otro lado algo que le genere ansiedad o frustración.
- Si hay algún problema físico a lo largo de la jornada escolar también se puede utilizar el cuaderno para comunicarlo.

- La familia también debe utilizarlo para comunicar aquellos aspectos que están pasando en casa y que afectan al alumnado tanto de forma positiva como negativa.
- No debe sustituir a otro tipo de comunicación sino complementarla.

En principio se trata de que todos los días exista esta comunicación con la familia, pero también puede ocurrir que haya días en los que sea necesaria esta comunicación.

Se debe entender como un elemento útil que está a disposición de los profesionales.

Aplicación práctica

Usted es el tutor o la tutora de un aula específica de un centro específico de educación especial.

En su aula se encuentra María, una niña que presenta necesidades educativas especiales asociadas a síndrome de Down y deficiencia mental grave.

Esta aula tiene graves problemas de comunicación tanto en el aula como con la familia.

Por este motivo se considera conveniente la elaboración de un cuaderno de comunicación para mantener informada a la familia de forma periódica del trabajo realizado en el aula y que también la familia pueda transmitirnos información acerca de lo que se trabaja en casa.

Establezca cómo elaboraría este cuaderno y ponga un ejemplo de un día en concreto.

SOLUCIÓN (Posible solución)

Los cuadernos de comunicación diaria se establecen con la intención de mantener una comunicación constante con la familia.

En el caso del alumnado con más problemas de comunicación se hacen aún más importantes, ya que no cuentan en casa lo que hacen en el centro educativo, ni tampoco cuentan en el centro qué hacen en casa.

Para elaborarlo lo primero que habría que hacer es establecer una reunión con la familia en la que explicar en qué va a consistir este cuaderno.

Cada día la alumna llevará el cuaderno a casa en el que se ha descrito lo acontecido a lo largo del día.

Continúa en página siguiente >>

<< Viene de página anterior

Se elaborará con la ayuda de la alumna y utilizando imágenes debido a sus problemas de comunicación.

En casa se llevará a cabo la misma dinámica.

Un ejemplo de un día podría ser el siguiente.

Fecha: 18 de noviembre de 2024
Nombre: María
Aspectos trabajados: colores, números hasta el tres y pintura con las manos.
Observaciones: María ha disfrutado sobre todo con la pintura. En el cuaderno lleva el dibujo que ha realizado. ¡Qué pasen una buena tarde!

4.4. Circulares

Se puede decir que son el sistema de comunicación básico del centro con las familias.

Consiste en transmitir a las familias información relevante pero breve a través de una carta.

Van a servir para informar, teniendo un carácter unidireccional. Pueden tener las siguientes funciones:

- **Comunicativa.** Solo se utiliza para informar de algún aspecto como dar a conocer una actividad.
- **Prescriptiva.** Se utilizan para informar de alguna norma, para aconsejar algún tipo de actuación, etc.
- **Participativas.** Van a servir para pedir la colaboración de las familias en alguna actividad.

La periodicidad de estas circulares va a ser variable, ya que depende del contenido. Algunas pueden elaborarse de manera periódica mientras que otras se realizarán de forma puntual.

El contenido de la misma puede ser muy variado, cualquier aspecto que ocurra en el centro y que quiera ser transmitido, pero se pueden establecer los siguientes temas:

- Organización escolar: normas de funcionamiento, horarios, calendario, matriculación, cambio de profesorado, becas.
- Cuestiones curriculares: información de materiales o actividades curriculares.
- Participación: decisiones del Consejo Escolar, elecciones al Consejo Escolar, fiestas, salidas, semanas culturales.
- Comedor: cuestiones básicas de funcionamiento, menú, problemas.

El formato de las circulares es de una carta y tienen un carácter formal, ya que se tratan aspectos formales del centro educativo.

Pueden llevarla a casa el propio alumnado o mandarla por correo postal o electrónico. Suelen ser elaboradas por el equipo directivo.

La principal ventaja es que se transmite información rápidamente, pero no se puede concretar en casos específicos, tiene que ser información de tipo general.

Actividades

9. Busque en internet ejemplos de circulares informativas y coméntelas. ¿Cree que son necesarias?
10. ¿Ha visto alguna vez un cuaderno de comunicación diaria? ¿Cómo lo elaboraría usted? ¿Cree que son necesarios?

Aplicación práctica

Usted es el jefe o jefa de estudios de un centro de educación especial de una capital de provincia.

En el centro se ha establecido una nueva norma para mejorar la convivencia en el mismo: no está permitido traer teléfonos móviles al centro.

Elabore una circular informativa para comunicar esta nueva norma.

SOLUCIÓN (Posible solución)

Estimadas familias:

Les adjunto la presente circular con motivo de informarles de una nueva norma establecida en el centro educativo al que pertenecen sus hijos e hijas.

Con motivo de mejorar la convivencia en el centro a partir del próximo miércoles estará prohibido llevar teléfonos móviles o cualquier otro dispositivo electrónico al centro.

Toda la comunidad educativa está conforme con esta medida y creemos que será positivo para todo el alumnado.

Aconsejamos un uso responsable de los dispositivos electrónicos.

Un cordial saludo.

5. Adaptación curricular individualizada

Como ya se vio en el capítulo anterior la adaptación curricular individualizada corresponde al último nivel de concreción curricular, siguiendo el siguiente proceso:

- Leyes orgánicas y reales decretos. Constituyen el primer nivel de concreción curricular. En ellos se establece el currículo oficial con carácter para todo el estado.
- Decretos de enseñanza. El currículo oficial se concreta en cada comunidad autónoma, adecuándose a las características específicas.
- Proyecto educativo. El siguiente grado de concreción sería el centro educativo, adaptando el currículo a las características del alumnado de un centro.
- Programación de aula. Se adapta el currículo a las características del alumnado de un aula.
- Adaptación curricular individualizada. Es el último escalón en la concreción del currículo, adaptándolo a un alumno en concreto.

Las adaptaciones curriculares quedan reguladas por la Ley Orgánica 3/2020, de 29 de diciembre, por la que se modifica la Ley Orgánica 2/2006, de 3 de mayo, de Educación, para la mejora de la calidad educativa, que establece que los centros realizarán las adaptaciones y diversificaciones curriculares precisas para facilitar a todo el alumnado la consecución de los fines establecidos.

La adaptación curricular es un proceso de toma de decisiones sobre los elementos curriculares, que busca respuestas educativas para las necesidades educativas de los alumnos, que se atendrá a los siguientes principios:

- Principio de normalización, siendo el referente el currículo ordinario.
- Principio de contextualización, teniendo en cuenta las características del contexto que rodea al alumnado.
- Principio de significatividad. Se procederá de tal modo que prioritariamente se adapten los elementos de acceso y en menos medida los elementos básicos.
- Principio de realidad. El éxito de la adaptación estriba en que esté formulada del modo más realista posible.

- Principio de participación e implicación, tomándose las decisiones de forma consensuada.

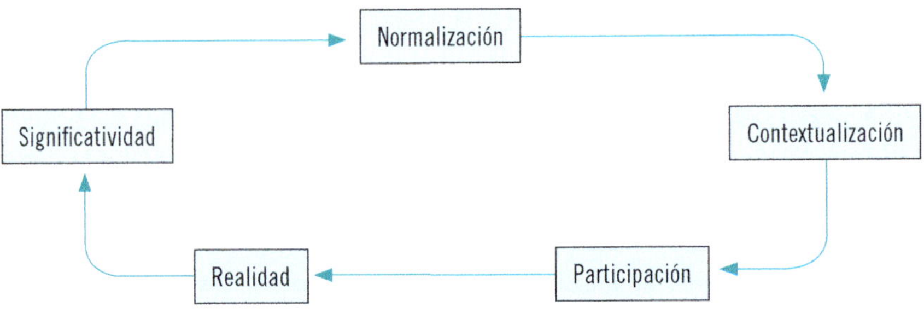

Hegarty, Hodgson & Clunie-Ross (1988) consideran que hay que tener en cuenta:

- Características y necesidades individuales del alumnado. Debe darse prioridad a todo aquello que pueda compensar o disminuir las desventajas, así como evitar actividades peligrosas y excluir elementos comenzando por los menos relevantes.
- Tipo de materia y actividades de aprendizaje. Debe darse prioridad a los tópicos con carácter básico, práctico e instrumental, así como a los que son llave para otros aprendizajes.
- Consideraciones pedagógicas. Debemos analizar aquellos factores que puedan potenciar la integración y mantener un equilibrio en el diseño curricular entre los diferentes tipos de capacidades.

A lo largo de este capítulo se describirán distintos aspectos de las adaptaciones curriculares individualizadas.

Recuerde

Se entiende por adaptación curricular individual los ajustes o modificaciones que se realizan sobre los elementos de acceso o sobre los elementos propiamente curriculares del currículo de un alumno. Constituye el nivel máximo de concreción del currículo. Tiene como función básica concretar la respuesta educativa que se le dará al alumno, indicando el proceso educativo a seguir y tratando de responder, en la medida de lo posible, a las necesidades educativas especiales.

El objetivo fundamental ha de ser lograr la mayor participación posible del alumnado en el currículo ordinario.

5.1. Significativas/ no significativas

Existen distintas clasificaciones sobre adaptaciones curriculares, pero una de las más frecuentes hace referencia a la significatividad de las mismas.

En función del grado de distanciamiento con el currículo ordinario y general establecido para todo el alumnado se pueden clasificar en: significativas y no significativas.

Significativas

Por adaptaciones curriculares significativas se entienden aquellas que implican la supresión de objetivos generales y contenidos nucleares o fundamentales de algunas áreas y la modificación de los correspondientes criterios de evaluación.

Alejan al alumnado de los planteamientos curriculares establecidos por el centro. Un aprendizaje se considera esencial si es general y aplicable a un gran número de situaciones, si es necesario para aprender otros contenidos y si es aplicable a la vida social del alumno.

La significación no está ligada al carácter individual, aunque por lo general las adaptaciones significativas serán individualizadas. Por otra parte, todas las adaptaciones individuales no son significativas.

Podrán tener los siguientes elementos:

- Unidades didácticas adaptadas. Pueden consistir en: adecuar objetivos, contenidos y criterios de evaluación; priorizarlos; modificar la temporalización; eliminar objetivos, contenidos o criterios o introducirlos.
- Programas de intervención de los especialistas que trabajen con los alumnos con necesidades educativas especiales. Dentro de la adaptación curricular significativa se dedicará un espacio a concretar las actuaciones de los especialistas, determinando las metodologías, recursos e intervenciones que se vayan a llevar a cabo.

Se plantearán con una duración de un curso pudiéndose realizar las modificaciones que se consideren oportunas en cualquier momento.

Un ejemplo de este tipo de adaptaciones podría ser el siguiente:

Documento individual de adaptación curricular significativa
Curso académico:
Datos de identificación del alumno/a:
Datos de identificación del centro:
Áreas/ materias objeto de adaptación curricular significativa:
Fecha de elaboración y duración prevista:

Continúa en página siguiente >>

<< Viene de página anterior

Documento individual de adaptación curricular significativa
Curso académico:
Profesionales implicados en la realización del documento individual de adaptación curricular significativa:
Síntesis de la información contenida en el informe psicopedagógico:
Medidas de acceso:
Seguimiento de la adaptación curricular significativa:

Nota

Este tipo de adaptaciones deben considerarse como la última opción, buscando siempre el paso a recursos menos restrictivos.

No significativas

Las adaptaciones curriculares no significativas son medidas preventivas de atención a la diversidad en la programación docente. Cuando las dificultades son leves o pasajeras pueden ser suficientes y no implican la eliminación de aprendizajes considerados básicos.

Persiguen individualizar la enseñanza y son acciones del profesor en el ejercicio de la función tutorial y orientadora.

Algunos ejemplos podrían ser los siguientes:

- Introducción de objetivos complementarios o alternativos.
- Introducción de contenidos específicos complementarios o alternativos.
- Introducción de métodos o procedimientos complementarios y/o alternativos de enseñanza y aprendizaje.
- Introducción de recursos específicos de acceso al currículo.
- Introducción de criterios de evaluación específicos.

Ejemplo de sistema alternativo de comunicación

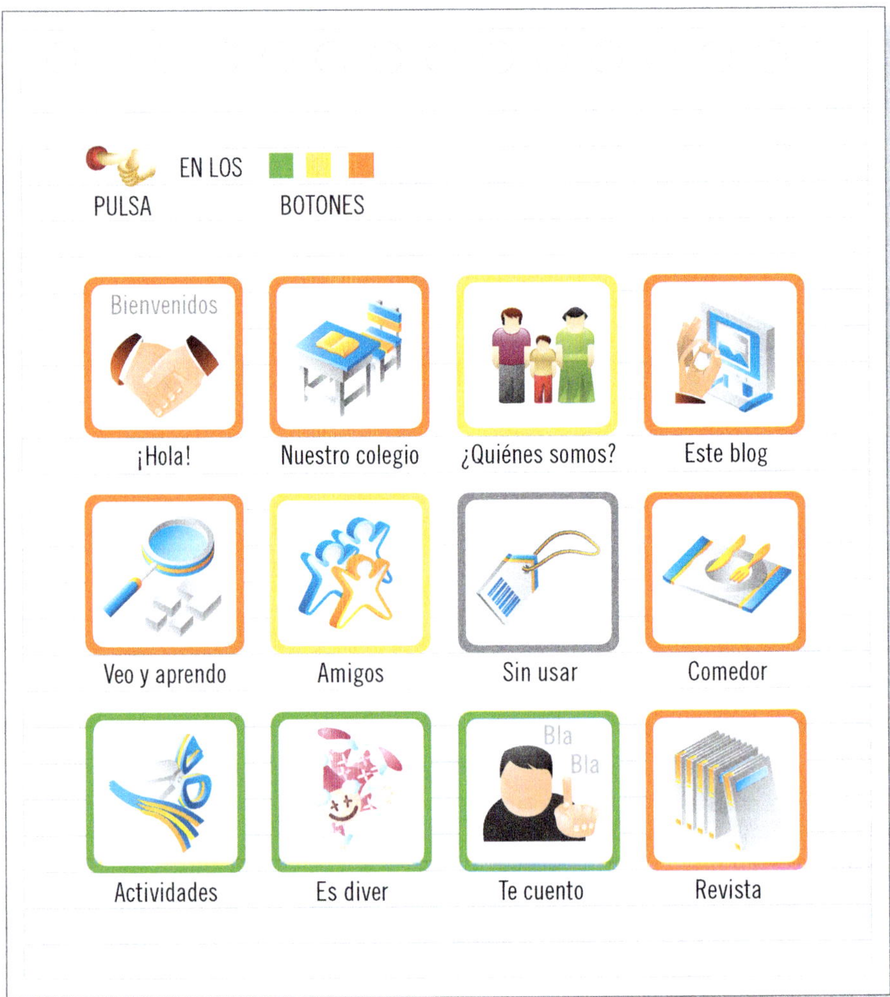

Un ejemplo podría ser el siguiente:

Adaptación curricular no significativa
Datos de identificación del alumno/a:
Datos de identificación del centro:
Situación actual del alumno/a:
Proceso de enseñanza-aprendizaje:
Comportamiento interactivo en el aula:
Conducta-personalidad:
Relación colegio-familia:
Aprendizajes básicos:
Atención en audición y lenguaje:
Seguimiento de la adaptación curricular:

Recuerde

Se pueden clasificar las adaptaciones curriculares de la siguiente manera:

- Significativas
- No significativas

Actividades

11. Elabore una definición propia de adaptación curricular individualizada y busque ejemplos en internet.
12. ¿Cuáles son las diferencias entre las adaptaciones curriculares significativas y no significativas? Ponga ejemplos de cada una de ellas.

5.2. Acceso al currículum

Existen otras clasificaciones en cuanto a las adaptaciones curriculares. Según los elementos a los que afecta se puede hablar también de adaptaciones de acceso al currículo.

Son las modificaciones o provisión de recursos espaciales, materiales o de comunicación para facilitar al alumnado con necesidades educativas especiales el desarrollo del currículo ordinario o, en su caso, del currículo adaptado.

Pueden distinguirse los siguientes tipos:

- Espaciales. Accesibilidad, movilidad, sonorización e iluminación.
- Materiales. Adaptando materiales o elaborando materiales específicos.
- Comunicación. Conocimiento y utilización de un sistema alternativo o complementario de comunicación.

Los docentes cuentan con diferentes posibilidades a la hora de realizar las adaptaciones de acceso. Algunas de ellas podrían ser: situar al alumno en el lugar desde el que pueda participar más en la dinámica del grupo y se compensen al máximo sus dificultades, dotar al niño de aquel mobiliario y material especial que necesite por sus dificultades específicas, ofrecerle el equipamiento técnico y recursos específicos que precise, iniciar y enseñarles el sistema de comunicación más adecuado para compensar sus dificultades.

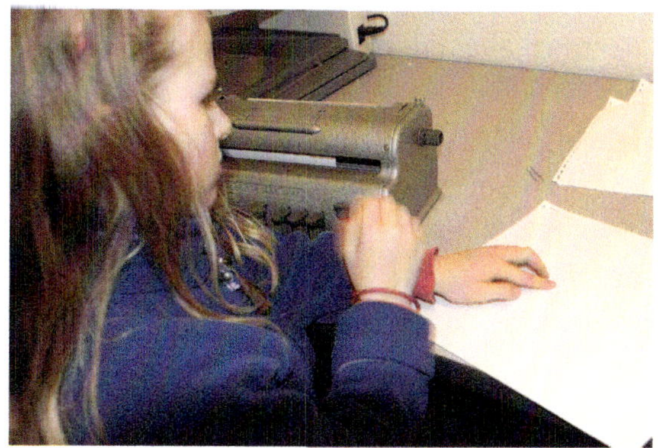

Ejemplo de adaptaciones de acceso al currículo

El procedimiento a seguir para la elaboración de este tipo de adaptaciones será el siguiente:

- Se detecta que el alumno o alumna en concreto presenta algún tipo de dificultad para acceder al currículo.
- Se evalúan estas dificultades y se determinan sus necesidades.
- Se lleva a cabo la provisión de los recursos que necesite el alumno o alumna.

5.3. Adaptaciones curriculares

Como ya se ha establecido a lo largo de este capítulo las adaptaciones curriculares son un proceso de diagnóstico y resolución de los problemas de aprendizaje que se dan en el aula y deben formar parte de los procedimientos habituales en un profesor que investiga su propia práctica. Al mismo tiempo, son el producto o el resultado final de ese proceso investigador, en la medida en que terminan por configurar una programación que contiene modificaciones de mayor o menor entidad con relación a la programación general.

Las adaptaciones curriculares son un instrumento esencial para el tratamiento de la diversidad.

Para la toma de decisiones ha de seguirse la siguiente secuencia de pasos:

- El tutor identifica al alumnado con dificultades.
- Se analizan los factores que pueden estar generándolas.
- El profesor realizará las modificaciones oportunas.
- Tras un periodo de intervención se evalúan el proceso y los resultados. Si esta es positiva, no es preciso elaborar la adaptación.
- Si fuese negativa, se realiza una nueva valoración.
- Si después de estas dos revisiones no se obtienen resultados positivos, se evalúa psicopedagógicamente.
- Por último, será el especialista de Educación Especial el encargado de su realización.

Lo que se persigue es dar la respuesta más normalizada posible.

La evaluación psicopedagógica es uno de los momentos o pasos fundamentales en el proceso de elaboración de las adaptaciones curriculares individuales. Tiene como finalidad recoger información útil para la toma de decisiones curriculares.

Ruiz i Bel (1998) señala como funciones de la adaptación curricular individual:

- El establecimiento de un nexo lógico entre los resultados del proceso de valoración de las NEE y la toma de decisiones.
- Repasar las actuaciones ordinarias y específicas que se dirigirán al alumno, de forma coordinada y complementaria.
- La promoción del alumnado hacia entornos cada vez menos restrictivos y más normalizados.

- Retirar en la medida de lo posible los recursos educativos específicos.
- Describir, concretar y justificar la respuesta educativa dirigida al alumno.

Según la unidad o elemento organizativo sobre el que repercuten se pueden clasificar de la siguiente manera:

- **Adaptación curricular de centro.** Se plasma en el Proyecto Educativo de Centro. Consiste en la adaptación del currículo oficial prescrito por la Administración a las características del alumnado del centro.
- **Adaptaciones curriculares de aula.** Se plasman en la programación de aula y consisten en la adecuación del proyecto educativo de centro a un grupo-clase.
- **Adaptaciones curriculares individuales.** Se toma como referente la situación del alumno o alumna en ese momento y el proyecto educativo de ciclo. Se plasman en un documento escrito en el que se describe y justifica el currículo para un alumno o alumna concreto.

Recuerde

Las adaptaciones curriculares individuales son el último nivel de adaptación del currículo.

5.4. Estilo de aprendizaje

Se trata del conjunto de aspectos que conforman la manera de aprender de un alumno o una alumna, es decir, cómo y cuándo aprende, sobre qué contextos y en qué condiciones. De esta manera se podrá seleccionar adecuadamente la metodología y el tipo de actividades, así como las ayudas. Se puede recoger información acerca de las condiciones físico-ambientales que le favorecen, tipo de agrupamientos, capacidad de atención, tipo de reforzadores a los que responde, motivación, etc.

Agrupamientos que más le favorecen

Hay alumnado que trabaja mejor de forma individual mientras que hay otro que es más eficaz trabajando en grupo o con un compañero o una compañera.

Será necesario observar de qué forma puede obtener un rendimiento mayor y utilizar este tipo de agrupamiento.

Ejemplo de agrupamientos en el aula

Concentración

No todo el alumnado es capaz de permanecer concentrado y atento la misma cantidad de tiempo.

La concentración está muy relacionada con la dificultad de la tarea. Cuando la dificultad es mayor y el alumnado se siente sobrepasado suele reducirse la concentración.

Será preciso adecuar el grado de dificultad de la tarea a la capacidad del alumnado para asegurar la atención.

Intereses

Todo el alumnado tiene siempre interés por algo. Es necesario buscar estos intereses y utilizarlos para conseguir la motivación del mismo.

De la misma forma también es tarea del profesorado intentar aumentar los intereses y motivaciones del alumnado.

Reforzadores

Hay alumnos y alumnas que solo necesitan una palabra de elogio como reforzador, mientras que otros necesitan otro tipo de premios.

Conocer qué tipo de reforzadores funcionan con el alumnado va a ser muy importante para alcanzar ciertos aprendizajes.

Un ejemplo de estos reforzadores serían los diplomas.

El diploma puede ser un reforzador muy eficaz

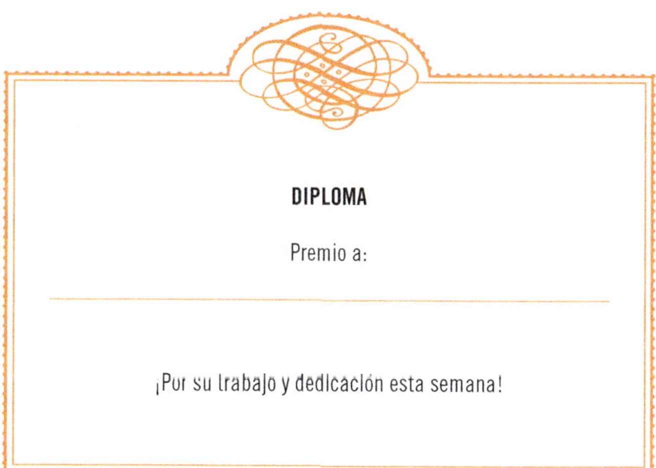

Autoconcepto

Puede haber alumnos y alumnas con poca creencia en sus posibilidades y baja capacidad de frustración.

De nuevo es necesario cuidar mucho la dificultad de la tarea para que el alumnado pueda ejecutarla según su capacidad.

5.5. Profesionales implicados

Los profesionales implicados en la elaboración de las adaptaciones curriculares pueden variar en función de cada comunidad autónoma.

En todo caso, en su elaboración pueden participar los siguientes profesionales:

- Pedagogo, psicopedagogo, psicólogo escolar. Forman parte de los equipos de orientación educativa o departamentos de orientación de los institutos de educación secundaria.
- Maestros y maestras especialistas en audición y lenguaje y pedagogía terapéutica. Van a llevar en la mayoría de los casos el peso en la realización de las adaptaciones curriculares, también en educación secundaria obligatoria, debiendo haber una coordinación constante con los tutores y tutoras y los departamentos didácticos.
- Trabajador social. Esta figura existe en algunos centros y también puede colaborar en la elaboración de adaptaciones curriculares.
- Maestro o maestra de compensación en desigualdades sociales. Si existe este profesional en el centro también podrá participar si se considera necesario.
- Maestros y maestras del aula ordinaria. En algunas comunidades son los responsables de elaborar las adaptaciones curriculares no significativas y colaboran en la realización de las significativas. En todo caso van a jugar un papel muy importante en este proceso de concreción curricular, ya que son los que más tiempo pasan con el alumnado.

Los profesionales implicados en la elaboración de adaptaciones curriculares deberán participar en:

- La evaluación inicial.
- El análisis de los datos recogidos en la evaluación inicial.
- El diseño del programa de intervención.
- El desarrollo del programa que se ha elaborado.

La evaluación psicopedagógica, requisito previo a la adaptación curricular, es competencia del orientador del Equipo de Orientación Educativa de la zona. En el caso de los centros de Educación Secundaria esta evaluación será responsabilidad de los orientadores del centro.

Actividades

13. ¿Cuáles son los profesionales implicados en la elaboración de adaptaciones curriculares?
14. ¿Qué aspecto del estilo de aprendizaje le parece más importante? Justifique su respuesta y ponga ejemplos.

Aplicación práctica

Alejandro es un alumno con parálisis cerebral que precisa de una adaptación curricular individualizada significativa.

Para elaborarla es precisa la colaboración de todos los profesionales implicados en el proceso educativo del alumno.

A la hora de elaborarla aparecen dificultades en cuanto a la elección del sistema de comunicación más adecuado para él y a las horas que asistirá al aula de audición y lenguaje.

Continúa en página siguiente >>

<< Viene de página anterior

Describa estas dificultades encontradas resaltando la importancia de la coordinación y los acuerdos a los que se han llegado.

SOLUCIÓN

Alejandro es un alumno con graves dificultades. Después de llevar a cabo la evaluación correspondiente se decide elaborar una adaptación curricular que puede solventar estas dificultades encontradas.

En esta elaboración podrán participar diferentes profesionales que deberán trabajar de forma coordinada para alcanzar los objetivos planteados.

Cuando es necesario tomar la decisión en cuanto al sistema de comunicación más apropiado aparecen discordancias entre la orientadora y el profesor de audición y lenguaje.

Finalmente, tras el diálogo y la exposición de las ventajas e inconvenientes se decide de forma consensuada cuál es la mejor opción para el alumno.

También es necesario llegar a un acuerdo sobre las horas que asistirá al aula de audición y lenguaje, decidiéndose que serán tres horas semanales.

5.6. Criterios de evaluación

Los criterios de evaluación del currículo educativo son los estándares o medidas que se utilizan para determinar en qué medida el alumnado ha alcanzado los objetivos de aprendizaje establecidos en el plan de estudios. Estos criterios son fundamentales para evaluar el progreso de los y las estudiantes y la eficacia del proceso de enseñanza y aprendizaje. Algunos aspectos importantes de los criterios de evaluación del currículo educativo son:

- Claridad y especificidad: los criterios de evaluación deben ser claros y específicos, de modo que los y las estudiantes y el profesorado comprendan exactamente qué se espera lograr.
- Relación con los objetivos de aprendizaje: los criterios de evaluación deben estar estrechamente relacionados con los objetivos de aprendizaje

establecidos en el currículo. Deben reflejar las habilidades, conocimientos y competencias que se espera que los y las estudiantes adquieran.

- Variedad de indicadores: los criterios de evaluación pueden incluir una variedad de indicadores, como pruebas escritas, proyectos, presentaciones orales, observaciones en el aula y desempeño práctico. Es importante utilizar una variedad de métodos de evaluación para obtener una imagen completa del aprendizaje de los estudiantes.
- Objetividad y fiabilidad: los criterios de evaluación deben ser objetivos y fiables, es decir, deben ser aplicables de manera consistente por diferentes personas evaluadoras y en diferentes contextos. Esto ayuda a garantizar que la evaluación sea justa y equitativa para todos los estudiantes.
- Flexibilidad: los criterios de evaluación deben ser lo suficientemente flexibles como para permitir la adaptación a las necesidades y características individuales de los estudiantes. Deben permitir diferentes enfoques y estrategias de aprendizaje, así como diferentes ritmos de progreso.
- *Feedback* constructivo: los criterios de evaluación deben proporcionar una base sólida para ofrecer *feedback* constructivo al alumnado. Deben ayudar a identificar áreas de fortaleza y áreas que necesitan mejorar, así como proporcionar orientación sobre cómo los estudiantes pueden mejorar su desempeño, etc.

6. Introducción al Plan de atención a la diversidad

Para la Ley Orgánica 3/2020, de 29 de diciembre, por la que se modifica la Ley Orgánica 2/2006, de 3 de mayo, de Educación, la **atención a la diversidad** es una necesidad que abarca a todas las etapas educativas y a todos los alumnos. Es decir, se trata de contemplar la diversidad de las alumnas y alumnos como principio y no como una medida que corresponde a las necesidades de unos pocos.

El Plan de atención a la diversidad se define como el conjunto de acciones organizativas y de apoyo diseñadas e implementadas para brindar una respuesta educativa adecuada a las necesidades de todos los estudiantes. Este plan se fundamenta en varios **principios** clave:

- **Principio de calidad educativa:** se busca garantizar una educación de calidad para todos los estudiantes, independientemente de sus características individuales.
- **Principio de equidad educativa:** se asegura la igualdad de oportunidades, la inclusión y la no discriminación para compensar posibles desigualdades.
- **Principio de intervención educativa:** se favorece el aprendizaje de todos los estudiantes según sus necesidades individuales.

Además, se consideran los siguientes aspectos:

- Normalización: se promueve como el principio fundamental en la educación de todos los estudiantes.
- Integración e inclusión escolar: se brindan oportunidades para la inclusión de todos los estudiantes en el sistema educativo.
- Compensación: se busca eliminar las desigualdades que puedan presentarse entre los estudiantes.
- Discriminación positiva: se toman medidas para prevenir o compensar desventajas iniciales.
- Interculturalidad: se reconoce la diversidad como un principio esencial en la educación.
- Individualización: se consideran las características y particularidades de cada estudiante.

Estas acciones se organizan en torno a dos ejes de actuación:

- Planificación de medidas de atención a la diversidad.
- Prevención de dificultades que puedan presentarse en el alumnado.

Los **objetivos** del plan incluyen:

- Maximizar el desarrollo de las potencialidades del estudiantado y promover la confianza y autoestima.
- Adaptar la respuesta educativa a las necesidades individuales de los estudiantes.
- Garantizar el logro de los objetivos educativos fundamentales.
- Planificar actividades para asegurar la inclusión de los estudiantes.

- Coordinar con profesionales y recursos para la atención del alumnado.
- Involucrar a las familias en el proceso educativo.
- Establecer coordinación con organizaciones externas al centro educativo.

La diversidad del alumnado puede manifestarse en diferentes niveles, como distintos niveles de competencia curricular, momentos de desarrollo físico y psicológico, motivaciones e intereses variados, así como en contextos socioculturales diversos.

6.1. Profesionales implicados

En la elaboración de este documento participarán los siguientes profesionales que se describen a continuación.

Tutor o tutora

Tendrá las siguientes funciones:

- Participar en la elaboración y desarrollo del Plan de Acción Tutorial.
- Llevar a cabo la evaluación inicial del alumnado.
- Detectar las necesidades educativas especiales.
- Colaborar en la evaluación psicopedagógica y en las adaptaciones.
- Potenciar la coordinación.
- Realizar el seguimiento y evaluación del alumnado.
- Realizar refuerzo educativo cuando se considere necesario.
- Mantener informadas a las familias.

Especialistas en pedagogía terapéutica y audición y lenguaje

Las funciones de estos profesionales son:

- Colaborar en el desarrollo de las adaptaciones.
- Dar apoyo dentro y fuera del aula.
- Apoyar en la prevención de dificultades.
- Colaborar en el seguimiento y evaluación del alumnado.
- Mantener la coordinación con los distintos profesionales y la familia.

Profesorado de compensación educativa

Las funciones de estos profesionales son:

- Llevar a cabo la evaluación del alumnado.
- Colaborar en las medidas de apoyo que se establezcan.
- Mantener la coordinación con los profesionales y la familia.

Resto del profesorado

Se destacan las siguientes funciones:

- Poner en práctica las medidas que se acuerden.
- Coordinación con todos los demás profesionales.

Equipo de orientación educativa y psicopedagógica

El nombre de este equipo puede variar en función de la comunidad autónoma, pero sus funciones son:

- Establecer medidas de atención a la diversidad.
- Detección de necesidades.
- Evaluación psicopedagógica.
- Orientación y asesoramiento.
- Coordinación con todos los profesionales y la familia.

Equipo directivo

Las funciones son:

- Servir de puente para la coordinación y la transmisión de información.
- Supervisar las medidas y horarios.
- Supervisar la coordinación y la relación con otras instituciones.

Familia

También tiene distintas funciones:

- Autorizar la realización de la evaluación psicopedagógica.
- Conocer las medidas que se están llevando a cabo con sus hijos e hijas.
- Mantenerse informadas de todo lo relativo al proceso de enseñanza-aprendizaje del alumnado.

Aplicación práctica

El centro al que usted pertenece está elaborando el Plan de Atención a la Diversidad.

Usted es tutor o tutora de un grupo diverso en el que hay alumnado que presenta dificultades en distintos ámbitos.

De la información que aparece a continuación sobre un alumno que acaba de incorporarse al centro seleccione cuál podría ofrecerla usted y descríbala.

- **Datos personales del alumno.**
- **Medidas de atención a la diversidad recibidas anteriormente.**
- **Necesidades educativas especiales que presenta.**
- **Clima del aula.**

SOLUCIÓN (Posible solución)

Como el alumno acaba de incorporarse al centro la información que puede proporcionar el tutor o tutora para la elaboración del Plan de Atención a la Diversidad sería la relativa a:

- Datos personales: nombre, fecha de nacimiento, datos académicos y relativos a la enseñanza y aprendizaje.
- Clima de aula: cómo se ha integrado en el grupo, agrupamientos que le favorecen, etc.

En cuanto a las medidas de atención a la diversidad recibidas anteriormente y sus necesidades educativas especiales, estas se encontrarán en su evaluación psicopedagógica.

Actividades

15. ¿Qué es el Plan de Atención a la Diversidad? ¿Cree que es necesario? Justifique su respuesta.
16. ¿Qué otros documentos se encuentran en un centro educativo? ¿Qué opinión le merece este tipo de documentos?

6.2. Recursos necesarios

Para la elaboración de este plan se pueden utilizar los siguientes recursos materiales:

- **Curriculares.** Referidos a la modificación, priorización, introducción o eliminación de elementos del currículo.
- **Organizativos.** En ocasiones será necesario tomar medidas organizativas para atender a la diversidad del alumnado.
- **Metodológicos.** Como pueden ser actividades de refuerzo o enriquecimiento.
- **Materiales.** Material fungible o impreso que pueda ser necesario.
- **Personales.** Los profesionales implicados en el proceso de enseñanza-aprendizaje.
- **Espaciales.** Los espacios que se utilicen y las distintas dependencias del centro.
- **Coordinación.** Tanto interna de los profesionales del centro como externa con otras instituciones de la comunidad.

Recursos
Curriculares
Organizativos
Metodológicos

Continúa en página siguiente >>

<< Viene de página anterior

Recursos
Materiales
Personales
Espaciales
Coordinación

6.3. Medidas generales

Este tipo de medidas hacen referencia a determinadas actuaciones que el centro lleva a cabo para adecuar su respuesta a las características del alumnado del centro, a su nivel de competencia curricular, capacidades, expectativas, motivaciones, ritmos, diferencias sociales y culturales.

Dentro de estas medidas se encuentran las siguientes:

- Elaboración del Plan de Acción Tutorial.
- Coordinación del profesorado.
- Distribución de horarios.
- Organización de refuerzos.
- Formación de grupos homogéneos y flexibles.
- Establecimiento de programas para atender a la diversidad: plan de acogida, compensación educativa, programa de integración, control del absentismo.

6.4. Medidas ordinarias

Estas medidas hacen referencia a los apoyos y refuerzos que se le ofrecen al alumnado para atender sus necesidades de forma individualizada.

Dentro de estas medidas la más cotidiana y conocida para el profesorado es el refuerzo educativo. Se trata de una acción docente que ha de aplicarse, dentro del proceso de evaluación continua y formativa, cuando se constata que un alumno o una alumna, o grupo de estos, presenta determinadas dificultades de aprendizaje, ya sea en una unidad didáctica, en técnicas instrumentales o en la asimilación de bloques de contenidos de mayor grado de abstracción o dificultad. Debe considerarse como algo ordinario que el profesorado aplica a aquellos alumnos que lo necesitan.

Puede definirse como el empleo de estrategias metodológicas y didácticas, recursos didácticos y humanos, (así como la aplicación de reforzadores), complementarios a los utilizados con carácter general para el grupo, para desarrollar las capacidades de alumnos que presentan dificultades para mantener el ritmo de progreso de su grupo de referencia.

El refuerzo educativo se aplica con la finalidad de profundizar en la exposición y comprensión de contenidos conceptuales, procedimentales o actitudinales; complementar las acciones docentes ordinarias; aumentar la motivación y administrar consecuencias positivas.

Por lo general será aplicado por el profesorado de área o materia, sea tutor o no, en el desarrollo de las diferentes áreas del currículo y siempre dentro del límite de sus posibilidades.

Existen distintas modalidades de refuerzo educativo:

- La primera es el refuerzo educativo estructural o de aula que se aplica por parte del profesor tutor o de área y que consiste en la planificación de actividades específicas o actividades adaptadas para toda la clase.
- La segunda consiste en la aplicación de determinados programas de refuerzo, ya sea para un grupo, un alumno o todo el alumnado, según las dificultades encontradas.
- El refuerzo educativo individual es la tercera modalidad y persigue la superación de dificultades muy específicas o carencias formativas. Puede ser previo o simultáneo a la adaptación curricular.

Recuerde

Existen tres tipos de refuerzo:

- Refuerzo educativo estructural o de aula.
- Programas de refuerzo individuales o grupales.
- Refuerzo educativo individual.

6.5. Medidas extraordinarias

Estas medidas se llevan a cabo cuando las anteriores no han solucionado las dificultades del alumnado.

Precisan de una evaluación psicopedagógica y dictamen de escolarización previo.

Estas medidas serían las siguientes:

- **Adaptación curricular individual.** Es el último nivel de concreción del currículo como ya se ha mencionado anteriormente. Se intentará agotar primero otras medidas antes de llegar a esta.
- **Apoyos específicos.** En algunas ocasiones hay alumnado que precisa de acciones más específicas como la compensación educativa. El objetivo es que pueda alcanzar la máxima normalización en el menor tiempo posible, ofreciéndole los apoyos que necesiten.
- **Aulas enlace.** Estas aulas se crean cuando el alumnado desconoce la lengua o el desfase en conocimientos básicos es muy grande, siendo el objetivo la inclusión del alumnado en la dinámica del centro en el menor tiempo posible.
- **Aulas hospitalarias.** En ocasiones hay alumnado que permanece ingresado en el hospital durante largos periodos. El objetivo de estas aulas es que pueda seguir en la medida de lo posible el currículo oficial, mediante maestros y maestras que trabajan en estas aulas.

- **Apoyo domiciliario.** Por motivos de salud, también hay alumnado que debe permanece en casa durante un tiempo. Por este motivo recibe el apoyo domiciliario para que la pérdida a nivel académico sea la menor posible.

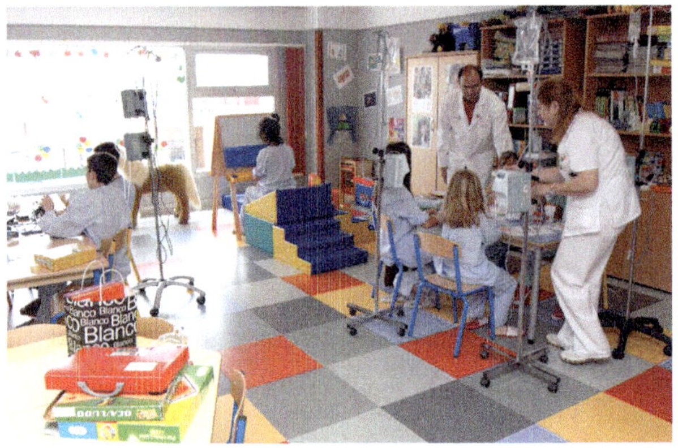

Ejemplo de aula hospitalaria

6.6. Otras medidas

También se puede establecer otro tipo de medidas dentro del plan de atención a la diversidad.

Dentro de estas medidas están las de carácter singular.

Son aconsejadas por la Consejería de Educación de cada comunidad, siendo muy específicas.

Otros aspectos que pueden mejorar la atención a la diversidad del alumnado podrán ser los siguientes:

- Potenciar las capacidades relativas a la afectividad.
- Reflexionar sobre los procesos de enseñanza-aprendizaje.
- Potenciar la tutoría.
- Asesorar al profesorado cuando sea necesario.

- Potenciar la coordinación entre todos los miembros de la comunidad educativa y con la familia.
- Programas para mejorar las habilidades sociales.
- Programas para mejorar la convivencia y la resolución de conflictos.

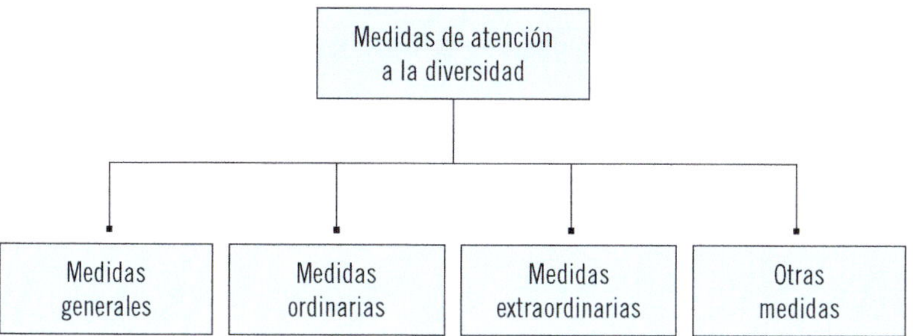

Actividades

17. Defina las distintas medidas de atención a la diversidad que se pueden utilizar para dar respuesta al alumnado y busque ejemplos de cada una de ellas.
18. ¿Qué otro tipo de medidas utilizaría para atender a la diversidad del alumnado? Descríbalas.

7. Resumen

A lo largo de este capítulo se ha intentado dejar patente la importancia de la coordinación en el ámbito educativo.

Esta es uno de los principios en los que se basa el sistema educativo y está ampliamente demostrado que mejora la calidad en la educación.

Existen distintos canales para llevar a cabo esta coordinación, teniendo que estar presente con todos los miembros de la comunidad educativa, incluida la familia.

También va a ser fundamental para la elaboración de las medidas de atención a la diversidad que precise el alumnado, ya que cuanta más información exista, mejores serán los resultados que se obtengan.

Se trata de que todos los profesionales implicados en la educación del alumnado con necesidades educativas especiales trabajen juntos para conseguir las máximas cotas posibles de normalización e inclusión.

Aprovechando los recursos y canales disponibles se podrá hacer de la labor docente un aspecto fundamental para la consecución de una sociedad cada vez más inclusiva.

Ejercicios de repaso y autoevaluación

1. **¿Cuál de los siguientes no es un enfoque de coordinación?**

   a. Preventivo
   b. Directivo
   c. Regulador
   d. Generador

2. **Nombre y describa los distintos tipos de reuniones.**

   ____
   ____
   ____
   ____
   ____
   ____
   ____

3. **Relacione:**

   a. 20-40 miembros.
   b. 3-7 miembros.
   c. Más de 40.
   d. 8-20 miembros.

   __ Reuniones de pequeño grupo.
   __ Reuniones de grupo mediano.
   __ Gran grupo.
   __ Asamblea.

4. **Describa las distintas fases de una reunión.**

____
____
____
____
____
____
____

5. **De las siguientes frases, indique cuál es verdadera o falsa.**

   a. No es necesario que haya comunicación con todos los profesionales sino con los más cercanos.

   ☐ Verdadero
   ☐ Falso

   b. La confianza es una de las "C" para el éxito del trabajo en equipo.

   ☐ Verdadero
   ☐ Falso

   c. El trabajo en equipo exige un alto grado de compromiso.

   ☐ Verdadero
   ☐ Falso

   d. Si todos los miembros del equipo son expertos en el mismo tema la eficacia es mayor.

   ☐ Verdadero
   ☐ Falso

6. **Complete la siguiente oración.**

Corresponde a las administraciones educativas regular el funcionamiento de los órganos de ___________ docente y de orientación y potenciar los equipos de profesores que impartan clase en el mismo curso, así como la colaboración y el _______________ de los profesores que impartan clase a un mismo ________ de alumnos.

7. ¿Cuántas etapas educativas tiene nuestro sistema educativo en la enseñanza obligatoria?

8. Enumere las actitudes y habilidades específicas que deben tener profesores y profesoras para que exista una buena colaboración con la familia según Rodríguez de la Mota:

9. Relacione los tipos de circulares con su definición:

a. Van a servir para pedir la colaboración de las familias en alguna actividad.
b. Solo se utilizan para informar de algún aspecto como dar a conocer una actividad.
c. Se utilizan para informar de alguna norma, para aconsejar algún tipo de actuación, etc.

__ Comunicativa.
__ Prescriptiva.
__ Participativa.

10. Enumere los niveles de concreción curricular.

11. ¿Cuáles de estos principios no se tienen en cuenta cuando se elabora una adaptación curricular?

a. Principio de normalización
b. Principio de significatividad
c. Principio de realidad
d. Principio de relatividad
e. Principio de participación

12. Describa el proceso a seguir para la elaboración de adaptaciones curriculares de acceso.

13. ¿Qué es el Plan de Atención a la Diversidad?

14. Indique qué profesionales están implicados en la elaboración del Plan de Atención a la Diversidad.

15. De las siguientes frases indique cuál es verdadera o falsa.

a. El refuerzo educativo es una medida ordinaria de atención a la diversidad.

- ☐ Verdadero
- ☐ Falso

b. Las medidas extraordinarias son las primeras que se llevan a cabo.

- ☐ Verdadero
- ☐ Falso

c. Mejorar las habilidades sociales no es una medida de atención a la diversidad.

- ☐ Verdadero
- ☐ Falso

Bibliografía

Monografías

ARTEAGA, L., NUS, P., MUÑOZ, L. y PALOMAR, M.: *Habilidades de autonomía personal y social.* Madrid: Altamar, 2004.

COLL, C.: *Las competencias en la educación escolar: algo más que una moda y mucho menos que un remedio.* Barcelona: Aula de Innovación Educativa, 2007.

CASTEJÓN, J. L. y NAVAS, L.: *Unas bases psicológicas de la educación especial.* Alicante: Editorila Club Universitario, 2009.

DELGADO, F. y SÁNCHEZ, M.: *Experiencia educativa en el trabajo de la autonomía personal con alumnos con necesidades educativas especiales.* Alcalá de Guadaira: P@K – EN – REDES, 2009.

DUSSA, C. P.: *Educación inclusiva: Un modelo de educación para todos.* ISEES: Inclusión Social y Equidad en la Educación Superior, 2010.

GUERRA, A. y CÓRDOBA, M.: *Escuela y diversidad funcional por limitaciones de la movilidad.* Alcalá de Guadaira (Sevilla). Editorial Mad, 2010.

KAZDIN, A. y BUELA – Casal, G.: *Conducta antisocial: Evaluación, tratamiento y prevención en la infancia y adolescencia.* Madrid: Pirámide, 2006.

REYZÁBAL, M. A.: *Respuesta educativa al alumnado con trastornos de conducta.* Madrid: Comunidad de Madrid, 2009.

- VERDUGO, M. A.: *Programa de habilidades de la vida diaria.* Madrid: Amarú, 2001.

- VERDUGO, M. A., MARTÍN, M., LÓPEZ, D. y GÓMEZ, A.: *Aplicación de un programa de habilidades de autonomía personal y sociales para mejorar la calidad de vida y autodeterminación de personas con enfermedad mental grave.* Salamanca: Universidad de Salamanca, 2004.

- VV. AA.: *Manuales de atención al alumnado con necesidad específica de apoyo educativo.* Sevilla: Consejería de Educación, 2010

Legislación

- Ley Orgánica 3/2020, de 29 de diciembre, por la que se modifica la Ley Orgánica 2/2006, de 3 de mayo, de Educación.

- Real Decreto 157/2022, de 1 de marzo, por el que se establecen la ordenación y las enseñanzas mínimas de la Educación Primaria.

Textos electrónicos, bases de datos y programas informáticos

- CECEÑO, H. A. y MACÍAS L. K.: Estudio de discapacidades diversas: un enfoque desde la resiliencia. Disponible en: <http://www.revistaespirales.com/index.php/es/article/view/219/163>.

- CHACÓN-Ortiz. M. El proceso de evaluación en educación no formal: Un camino para su construcción. Disponible en: <https://dialnet.unirioja.es/servlet/articulo?codigo=5053313>.

- FERNÁNDEZ, S.: Evaluación y Aprendizaje. Marcoele Revista didáctica español como lengua extranjera. Disponible en: < http://marcoele.com/descargas/24/fernandez-evaluacion_aprendizaje.pdf>.

- GARCÍA, S., GARROTE, D. y Jiménez, S.: Uso de las TIC en el Trastorno de Espectro Autista. Revista mediática y TIC. Disponible en: <https://www.uco.es/ucopress/ojs/index.php/edmetic/article/view/5780/5409>.